ENTRETIENS
DE PHOCION,
SUR LE RAPPORT
DE LA MORALE
AVEC LA POLITIQUE.

Par MABLY.

ÉDITION augmentée d'un Discours et de notes, par l'Auteur de l'Elève de la Nature, où sont appliqués à notre nouveau Gouvernement, les principes exposés dans cet ouvrage.

Quid leges, sine moribus
Vanæ, proficiunt? Hor. Od. 19. L. 3.

TOME SECOND.

A PARIS,

Chez FAVRE, Libraire, maison Égalité, galeries de bois, N.° 220.

L'An II. de la République.

NTRETIENS DE PHOCION,

ur le rapport de la Morale avec la Politique.

TROISIÈME ENTRETIEN.

éthode que la Politique doit employer pour rendre un peuple vertueux. Des vertus qu'elle doit principalement cultiver, la tempérance, l'amour du travail, l'amour de la gloire. Nécessité de la Religion.

ARISTIAS et moi nous nous rendîmes hier chez Phocion, mon cher Cléophane. C'est au-

jourdhui, lui dis-je, nos [illegible]
des Panathenées ; et comment
pourrions-nous mieux célébrer
une fête consacrée à Minerve,
et destinée à perpétuer le souvenir de la réunion que Thésée
fit des différens peuples de
l'Attique dans Athènes, qu'en
écoutant ce que tu voudras
bien continuer à nous apprendre sur la Morale et la Politique ?

Je sais trop bon gré à Aristias, me répondit Phocion, de
préférer un entretien austère,
au spectacle de nos fêtes, pour
ne pas consentir à ce que vous
desirez tous les deux. Il est
vraisemblable, ajouta-t-il, en
souriant, que Minerve qui voit
nos Panathenées avec indifférence, depuis que nous les célébrons avec plus de pompe et

moins de vertu que nos pèr trouvera bon que nous n' augmentions pas la cohue.

Puisque tu le veux, reprenons la suite de nos entretiens. Je t'ai prouvé que la vertu lie les hommes en leur inspirant une confiance mutuelle, et que le vice au contraire les tient en garde les uns contre les autres, et les divise. Je t'ai fait voir qu'il n'y a point de vertu qui ne soit utile à la société ; mais ces connaissances seules ne suffisent point pour guider la Politique dans ses opérations. Quoique toute vertu mérite d'être cultivée, toutes cependant ne demandent pas les mêmes soins de la part du législateur et des magistrats ; quelques-unes n'ont pas un rapport aussi direct, aussi immédiat que les autres à ce qui fait et consolide le bonheur des citoyens et la sûreté de la République. Toutes les vertus n'étendent pas leurs racines à une égale distance, toutes n'ont pas une tige également forte, quelques-unes même ont besoin d'un appui, ou languissent et se flétrissent sans ce secours. Les unes jettent de plus grands rameaux, et portent des fruits plus abondans que les autres ; il y en a même qui fécondent, pour ainsi dire, tout le terrein qui les environne ; tu verras naître autour d'elles mille vertus particulières qui sembleront venir sans semence, et n'exiger aucune culture.

Si la Politique, mon cher Aristias, considère les vertus suivant leur ordre en dignité et en excellence, elle place à leur tête la justice, la prudence et le courage. D'accord avec la Morale, elle nous montre que de ces trois sources découlent l'ordre, la paix, la sûreté et tous les biens en un mot que les hommes peuvent desirer. L'objet de la Politique est de nous rendre facile la pratique de ces trois vertus; mais elle connaît trop bien l'activité de nos passions et la paresse de notre raison, pour espérer de nous en faire contracter l'habitude, si en nous familiarisant d'avance avec d'autres vertus dont elle est plus maîtresse de régler l'exercice et la marche, elle n'écarte de notre cœur les vices qui nous empêchent d'être justes, prudens et courageux.

Ce seroit une étrange Politique, qu'un législateur, persuadé qu'il suffit de faire des loix pour que les hommes y obéissent. Il n'a encore rien fait quand il n'aura réglé que les droits de chaque citoyen et donné des bornes fixes à la justice. Laissez agir nos passions, elles auront bientôt dérangé ces bornes. Mille prétentions chimériques anéantiront le droit. Au milieu des loix les plus justes, l'injustice, secondée par la ruse et la chicane, et enhardie par l'impunité, deviendra bientôt l'esprit général des citoyens. Publie dans la place de Sybaris qu'il est ordonné à tout citoyen d'avoir assez de courage pour préférer dans un combat la mort à la fuite, et mépriser dans l'administration de la République les dangers auxquels un magistrat est quelquefois exposé ; et je te réponds que tu auras publié le décret le plus inutile. Les Sybarites, toujours efféminés, ne sortiront point de leur mollesse pour prendre du courage. La loi nous prescriroit à nous autres Athéniens la police la plus sage dans nos délibérations publiques, pour nous empêcher d'être inconsidérés, et nous forcer de peser et d'examiner avec maturité les intérêts de la Patrie ; que si nous devenions prudens, ce seroit pour l'intérêt de nos passions, et non pour celui de la République.

Tout législateur qui ignore sur quelles vertus la justice, la prudence et le courage doivent être, pour ainsi dire, entés; tout législateur qui ne sait pas préparer les hommes à les aimer et les pratiquer, verra que ses loix inutiles n'auront fait aucun bien à la société. Il y a en effet, mon cher Aristias, des vertus qui servent de base et d'appui à toutes les autres. Je compte quatre de ces vertus, que j'appelle mères ou auxiliaires, et qui sont les premières dans l'ordre politique, la tempérance, l'amour du travail, l'amour de la gloire, et le respect pour les Dieux.

Par tempérance, j'entends, poursuivit Phocion, cette vertu qui, nous invitant à nous contenter des choses que la nature exige indispensablement pour notre conservation, diminue le nombre de nos besoins et les simplifie. Qui n'étudie pas l'art d'être heureux à peu de frais, sera toujours malheureux. Tu sais ce que Socrate (1) disoit à Euthydème, que les voluptueux sont les hommes du monde les plus déraisonnables. A force de se repaître de voluptés, ils éteignent en eux le sentiment du plaisir ; ils n'ont pas l'esprit d'endurer la faim et la soif, et de résister aux premières amorces de l'amour et du sommeil ; ils gâtent tout par leur attention insensée à prévenir leurs desirs.

La volupté vend ses faveurs à trop haut prix ; elle emploie trop de mains, trop de temps, trop de peine à la composition de son ennuyeux bonheur, pour que la Politique n'échouât as en essayant de rendre heureux un peuple voluptueux. A peine la volupté jouit-elle, que rassasiée, elle rejette avec faste et dédain ce qu'elle avoit désiré avec emportement. Nos sophistes, à leur ordinaire, ont mal raisonné sur cette matière : parce que la nature à voulu que nos besoins fussent la source de nos plaisirs, ils ont prétendu qu'en multipliant les uns, on multiplieroit aussi les autres; mais ils n'ont pas fait attention que la volupté est moins habile et moins libérale que la nature. Celle-ci ne donne aucun besoin, sans donner en même temps un moyen aisé de le satisfaire; et la volupté qui flatte, échauffe, irrite notre imagination par des espérances et des songes, ne donne jamais ce qu'elle a promis ; elle fuit quand nous croyons la saisir, et nous laisse le dégoût, l'ennui et la lassitude à la place du plaisir.

Mais il ne s'agit pas entre nous de l'inconséquence des voluptueux ; et quand leur passion ne les tromperoit pas, il n'en faudroit pas moins, mon cher Aristias, bannir la volupté de notre République. Croyant acheter des plaisirs à prix d'argent, elle est toujours avare et prodigue, et jamais on n'a vu la justice, la prudence et le courage se mêler parmi les vices qui accompagnent l'avarice et la prodigalité. Toutes les richesses de la Perse n'enrichiroient pas (2) Demadès ; l'Europe, l'Asie et l'Afrique ne suffiroient pas aux besoins de trois voluptueux comme lui :

comment donc la vérité seroit-elle l'ame de ses discours? Patrie, honneur, justice, il vendra tout à qui voudra l'acheter. Ce sénateur, accablé du poids d'une digestion difficile, livreroit l'Etat à qui lui offriroit un élixir propre à ranimer les ressorts usés de son estomac, et tu veux qu'il s'informe s'il n'y a point quelque malheureux citoyen que la faim poursuit! Croiras-tu que des magistrats, avides et fatigués de plaisirs, soient bien propres à penser aux besoins de la société? Que ce soient des sentinelles vigilantes et attentives à prévoir, prévenir ou repousser les périls dont la République peut être menacée?

Ne l'espère pas; la République elle-même ne l'exige plus, quand

quand une fois les esprits sont infectés par la jouissance ou le desir des voluptés ; elle tiendra même compte à ses magistrats de leur mollesse et de leur faste. Dès que la recherche dans les plaisirs a attaché à la médiocrité l'opprobre de la pauvreté, les citoyens ont trop de besoins pour être contens de leur fortune. Leur ame est déja souillée des vols que leurs mains n'ont encore pu commettre ; ils feront un commerce honteux de leur suffrage, et vendront leur voix au plus offrant. On ne verra dans les magistratures que la facilité de s'enrichir impunément par des injustices ; on ne voudra plus avoir de crédit dans la République, ni commander les armées, que pour faire fortune, et s'abîmer ensuite dans les voluptés. Tout est alors perdu ; il ne subsiste plus qu'un vain simulacre de République. A la place des loix méprisées, les passions règnent impérieusement, et les mœurs seroient atroces, si les ames étoient encore capables de conserver quelque force.

Quand en ouvrant le cœur à tous les vices, les voluptés n'y étoufferoient pas le principe de la justice et de la prudence, il suffit qu'elles énervent le corps pour que la République ne doive plus attendre de ses citoyens amollis, les fatigues, les veilles, la patience, les travaux, d'où dépend souvent son salut. Tandis que de jeunes gens, lassés de leurs débauches, dorment laborieusement dans le duvet, penses-tu, si on les réveille en sursaut pour repousser l'ennemi qui escalade nos murailles, qu'ils trouveront en eux les forces et le courage de ces anciens Athéniens, accoutumés à coucher sur la dure à côté de leurs armes, et à mépriser les plaisirs des sens? Depuis que le goût des plaisirs nous possède, j'ai vu, oui j'ai vu les descendans des Héros de Marathon et de Salamine aller aux ennemis avec l'envie de fuir dans le cœur. L'exemple contagieux des riches a corrompu jusqu'aux pauvres, qui ne partagent pas leurs voluptés. Il n'est plus d'Athénien qui ne murmure contre les fatigues de la guerre et la rigueur de notre discipline relâchée. La nature paraît dégradée dans toute la

Grèce ; nous succombons aujourd'hui sous les exercices dont nos pères se jouoient autrefois ; nous trouvons nos armes trop pesantes, et la mollesse de nos villes nous a appris à redouter le courage des Barbares.

Que Lycurgue, mon cher Aristias, étoit profond dans la connaissance de nos vertus et de nos vices ! Médite ses loix, un Dieu sans doute les lui avoit dictées. Tu ne le verras jamais s'égarer dans des détails inutiles, proscrire un vice, et n'en pas couper la racine ; ordonner la pratique d'une vertu, et négliger celle qui doit en être le principe ou l'appui. Il ne permet pas à deux jeunes époux de s'abandonner inconsidérément à leurs transports ; il vouloit qu'un mari n'habitât pas d'abord dans la même maison que sa femme ; il lui ordonnoit de dérober ses faveurs. C'étoit pour empêcher que les droits du mariage ne devinssent une source de corruption et de mollesse en les abandonnant aux voluptés, et que rassasiés de plaisirs légitimes, ils n'en cherchassent de défendus. L'adultère ne fut point connu à Lacédémone : quel avantage! s'il est vrai que tout commerce de galanterie suppose dans les femmes une lâche infidélité à leurs devoirs, et dans les hommes l'art de séduire et de corrompre réduit en principes, et par-là même d'autant plus dangereux, qu'il les occupe sérieusement de cent misères qui ôtent à l'ame les ressorts nécessaires pour méditer et exécuter de grandes choses.

Faute de connaître le penchant du sexe à la mollesse, et l'empire qu'il a sur notre ame, la plupart des législateurs ont tendu un piége à nos mœurs, en négligeant de régler celles des femmes. Lycurgue devina qu'elles nous donneroient leurs vices, s'il ne leur donnoit pas nos vertus. Il en fit des hommes; il leur inspira un généreux mépris pour les besoins auxquels la nature ne les a pas assujettis. Il les endurcit au travail, à la peine, à la fatigue. Platon (3), enhardi par cet exemple, voulut même en faire des soldats dans sa République. Il savoit que moins nous avons de devoirs à remplir, moins nous y sommes attachés, et en exigeant beaucoup des femmes, il espéroit avec raison de tout obtenir aisément des hommes.

Lycurgue établit enfin dans sa ville des repas publics, dont le brouet noir, si décrié aujourd'hui, faisoit les délices. Voilà ses deux principales institutions, et sans leur secours, il auroit inutilement proscrit l'usage de l'argent et les arts inutiles, aiguillons à-la-fois et alimens des passions. L'exercice des vertus les plus difficiles et dans le degré le plus héroïque, devoit dès-lors devenir familier aux Spartiates ; parce que c'est le propre de la tempérance de fermer l'entrée de notre cœur à une foule de vices, en nous rendant notre situation présente agréable, et de nous portor sans effort au bien. La tempérance inspire nécessairement le mépris des richesses; et ce mépris, qui suppose l'ame débarrassée des besoins frivoles qui nous tourmentent, est toujours accompagné de l'amour de l'ordre et de la justice. Moins les passions sont vives et nombreuses, plus la raison est libre de faire valoir ses droits. Oui, mon cher Aristias, depuis que nous avons renoncé à la simplicité des mœurs de nos pères, nous avons beau faire tous les jours de nouvelles loix (4), et multiplier nos magistrats, c'est convenir de notre corruption, et n'employer que des remèdes inutiles pour nous corriger. Le premier magistrat et la première loi d'une République, ce doit être a tempérance ; et le peuple le ieux gouverné après les Spartiates, c'est celui qui approchera le plus de leur frugalité.

Cependant, telle est la faiblesse humaine, que toute vertu a ses momens d'erreur, de distraction et de lassitude. La temérance a autant d'ennemis qu'il y a de sortes de voluptés, et quel que soit son pouvoir, elle succombera à la fin, si la Politique n'empêche qu'elle n'ait à combattre contre l'oisiveté et cet ennui qui suit l'inaction de l'ame et du corps. Tout le temps où la loi nous abandonne à nous-mêmes, est un temps qu'elle donne aux passions pour nous tenter, nous séduire et nous subjuguer, La Politique doit donc inspirer aux citoyens l'amour du travail. Cette vertu répandant sur les plaisirs les plus simples et les plus honnêtes un charme capable de nous satisfaire, tempère notre imagination, et empêche, pour ainsi dire, qu'elle n'aille à la découverte de quelque nouveau plaisir.

Ne te hâte pas, mon cher Aristias, de conclure de cette doctrine que toute espèce de travail soit utile à la société; il est au contraire une sorte d'oisiveté qui lui seroit peut-être moins funeste. Vois quel est le procédé de la nature à notre égard. Libérale de tous les biens qui nous sont nécessaires, elle veut cependant que nous les achetions par le travail. La terre est stérile, si nos mains ne la fécondent pas; et par l'ordre établi pour la roduction des fruits, ce tra-ail est léger, mais continuel. ue la Politique imite la na-ure. Si le travail qu'elle nous mpose n'est pas proportionné nos forces, si l'espérance qui le feroit entreprendre avec oie est trompée, s'il ne peut as suffire à nos besoins, il levient insupportable, et ne eut être que l'occupation, ou lutôt le châtiment d'un es-lave.

L'Egypte fut malheureuse ous les successeurs de Sésos-ris. Dès que le prince, con-uit par une insatiable avarice, 'écarta de ces principes, et ondamnant ses sujets à des travaux trop durs, en voulut seul recueillir les fruits, les mains des Egyptiens s'engour-dirent; la nation la plus active s'avilit dans la paresse, qui étoit devenue son seul bien. L'Etat fut vexé à la fois par la pauvreté et le luxe; les esprits s'effarouchèrent, et on traita les citoyens comme des bêtes farouches qu'il falloit dompter (5) par la fatigue. Cependant quel spectacle présentoit la malheureuse Egypte ! Sans les eaux bienfaisantes du Nil, les campagnes auroient à peine pu suffire à nourrir leurs habitans. Au milieu de ces monumens qui semblent destinés à vivre autant que le monde, et qu'un peuple malheureux est condamné à élever à l'orgueil de ses maîtres, que deviendra le monarque, si un ennemi étranger se présente sur ses frontières, et veut lui enlever sa couronne et ses plaisirs? Quels bras

bras armera-t-il en sa faveur? Quel intérêt auront ses peuples de défendre, aux dépens de leur sang, ses voluptés et leur misère?

A Tyr, à Carthage, nous disent les voyageurs, tous les citoyens sont occupés: mais nous préservent les Dieux, mon cher Aristias, de les imiter! Ces peuples, dont on nous vante l'industrie et l'activité, ont été les corrupteurs des nations. Contentes des richesses que la nature prudente répand dans chaque climat, elles vivoient heureuses, sans faste et sans luxe. Les Tyriens et les Carthaginois ont tenté leur cupidité; ils les ont façonnées au goût des choses rares et recherchées; ils ont eu la perfidie de leur faire mépriser les biens qu'elles possédoient. Combien la pourpre de Tyr et les superfluités élégantes de Carthage n'ont-elles pas fait commettre de crimes, et produit de malheurs sur la terre (*) ! Mais ne pense pas, Aristias, que ces empoisonneurs publics aient eux-mêmes échappé aux poisons qu'ils préparent. Je ne connais ni Tyr ni Carthage ; j'oserois cependant assurer que ces deux villes sont malheureuses. L'amour du travail, qui est une grande vertu quand il

(*) Je commente dans l'*Antiquité renaissante* ce texte sacré. Je le nomme sacré, parce que dans la religion naturelle que nous devons mettre à la place de toutes les superstitions, il faut qu'un de nos premiers dogmes soit de reconnoître pour le plus grand des crimes et des malheurs, le luxe et tout ce qui y a le moindre rapport.

accompagne la tempérance, et sert avec elle à réprimer et régler nos passions, est au contraire l'ouvrage de l'avarice et de la cupidité chez les Carthaginois et les Tyriens. Plus ces deux vices s'accroissent au milieu des richesses, plus toutes les autres passions acquièrent de force. L'amour du travail n'est propre dans ces deux Républiques qu'à humilier les esprits, ou leur inspirer de l'insolence; il doit y faire des mercenaires et des tyrans.

Notre Solon, fatigué des émeutes et des séditions que l'oisiveté du peuple excitoit parmi nous, fit des loix pour faire aimer le travail. Un père qui n'avoit pas fait apprendre un métier à son fils, ne pouvoit exiger aucun secours de lui dans sa vieillesse ; loi absurde, parce qu'elle est contraire aux devoirs éternels et inviolables de la nature, et qu'on n'attachera jamais un citoyen à la patrie, en lui apprenant à manquer de reconnaissance pour son père. Chaque citoyen fut obligé de rendre compte de ses occupations devant l'aréopage, chargé de punir la paresse. A quoi aboutit cette grande Politique ? Chacun choisissant à son gré ses occupations que la loi auroit dû régler, nous devînmes tous des mercenaires. Teinturiers, Cordonniers, Maçons, Marchands, Maréchaux, Revendeurs ; voilà ce qui forme le fonds de nos assemblées dans la place publique.

Nos citoyens livrés à des

occupations basses et serviles ; que Lycurgue n'avoit permises qu'aux Ilotes, devoient en prendre les mœurs (*). Que seroit devenue la République ? Marathon et Salamine auroient-ils été témoins du courage et de la gloire de nos pères ? La Grèce entière ne seroit-elle pas aujourd'hui gouvernée par un satrape orgueilleux des rois de Perse, si à la faveur d'un concours heureux de circonstances extraordinaires, sur lesquelles il ne faut jamais compter, d'au-

(*) Il est bien démontré aujourd'hui que Lycurgue fut injuste, lorsqu'il souffrit que les Ilotes fussent les esclaves des Spartiates. Je ne sais comment Mably peut ne pas désapprouver cette injustice. Je reviendrai là-dessus dans l'ouvrage dont il est parlé dans la note précédente.

tres causes, en conservant dans un peuple d'artisans l'ancien amour de la gloire et de la liberté, ne l'eussent préparé à se laisser conduire (6) aveuglément par un Miltiade, un Thémistocle et d'autres pareils grands hommes? Quand ces causes étrangères à notre constitution, s'affaiblissant peu à peu, cessèrent enfin d'influer sur nos mœurs, et que la République, gouvernée par des ouvriers, eut pris le génie qu'elle devoit naturellement avoir, tu sais dans quel avilissement nous tombâmes. L'intérêt particulier décida toujours de l'intérêt public. Tour-à-tour extrêmes dans toutes nos passions, timides le matin, téméraires le soir, lâches et emportés à la fois, nous ne connûmes jamais nos forces, notre faiblesse ni nos ressources; jamais nous ne sûmes agir à propos; jamais nous ne sûmes prévoir les dangers ni les prévenir. Qu'avons-nous à nous plaindre de la fortune? Devoit-elle faire des miracles pour rendre juste, prudente et magnanime une assemblée d'artisans?

Tout art nécessaire aux besoins réels des hommes, est sans doute honnête; il ne devient dangereux que quand par une trop grande recherche, il donne aux choses un prix qu'elles ne doivent point avoir, et rafine inutilement notre goût. J'aime la simplicité des mœurs peintes dans Homère; des rois qui savent le nombre de leurs vaches, de leur chévres, de leurs moutons, et qui préparent eux-mêmes leur souper; une reine Areté qui file les étoffes dont son mari est habillé, et une princesse Nausicaa qui va elle-même sur une charrette laver à la rivière les habits de sa famille. Chacun peut avec gloire être lui-même son propre artisan, et plût aux dieux que la sagesse de nos mœurs, la simplicité de nos besoins, et l'égalité de nos fortunes, le permissent encore! Mais dans une République où la Politique ne peut plus ramener les citoyens à cette pureté primitive des anciens temps, les arts sont toute la richesse de ceux qui les cultivent; les artisans ne subsistent que du salaire qu'ils reçoivent des riches qui les occupent, et le travail doit nécessairement (7) avilir leur ame (*). Que le législateur, mon cher Aristias, se garde donc de leur confier le dépôt ou l'administration de la souveraineté. Si la loi les déclare hommes libres, et en fait des espèces de citoyens, que la Politique ne les regarde cependant que comme des esclaves qui n'ont point de patrie, et qui ne peuvent participer aux assemblées de la nation. Nos plus grands hommes, Miltiade, Thémistocle, Cimon, etc. favorisoient l'aristocratie. Je suis leur exemple,

(*) Tout ce que Mably dit ici des ouvriers, et tout ce qu'il y ajoute dans sa septième remarque, demande quelques développemens et quelques modifications que j'essaierai de donner dans l'*Antiquité renaissante*.

et ce n'est ni par vanité, ni par ambition, je connais trop l'égalité des hommes et les droits de l'humanité; mais je consulte le bonheur de la République, et il importe à la multitude même, que son travail et ses occupations avilissent et retiennent dans l'ignorance, de ne pas s'emparer du gouvernement.

Pleine d'humanité à l'égard des artisans, que la République, qui ne peut s'en passer, les gouverne sans les mépriser. Le magistrat doit avoir soin que le travail fournisse aux artisans une subsistance facile et abondante, ou bien ils deviendront les ennemis de la République, comme les Ilotes le sont des Spartiates, et on aura à se reprocher la moitié de leur crime, et le châtiment même dont on les punira. Des citoyens assez sages pour vouloir conserver leurs mœurs, ne permettront jamais qu'on invente de nouveaux arts. Qui seroit instruit de l'origine et des progrès des arts, connaîtroit peut-être l'histoire de tous nos vices. A (*) l'exemple des Spartiates, croyons que les peuples se civilisent par de bonnes loix et la pratique des vertus, et non par un tas de superfluités que le luxe estime et que la raison réprouve. Lycurgue voulut que les Lacédémoniens ne se servissent que

(*) Quels hommes que J. J. Rousseau et Mably! quels efforts nous devrions faire pour nous élever jusqu'à eux! Ils avoient tous deux la même opinion, et du luxe et des arts, etc.

de la coignée et de la scie pour faire les meubles de leur maison. Loi admirable ! Contraignez de même les artisans à laisser aux arts les plus nécessaires une certaine grossièreté, si vous ne voulez pas que le goût et le luxe des riches produisent bientôt des arts inutiles. Cent fois j'ai vu Platon se plaindre amèrement des progrès de la peinture parmi nous. Un jour que j'admirois dans le temple de Minerve la *défaite des Géans*, je me le rappelle avec plaisir, il me tira par mon manteau : *Ces sottises vous gâteront*, me dit-il ; *que d'art, que de peine, que de génie pour exciter une admiration dangereuse ! Dans ma République, un peintre sera obligé de commencer et de finir son tableau*

tableau dans un (8) *jour.*

Enfin, mon cher Aristias, songe que la Politique ne doit admettre au gouvernement de l'Etat que les hommes qui possèdent un héritage; eux seuls ont une Patrie. Mais pour empêcher que leur oisiveté ne nuise à la République, qu'une loi sévère proscrive ces fortunes scandaleuses qui corrompent encore moins ceux qui les possèdent, que les citoyens imprudens qui les envient. Que la médiocrité des héritages force les propriétaires à les cultiver eux-mêmes. Si la coutume s'y oppose, que la République arrache les citoyens à leurs passions, en multipliant leurs devoirs et leurs occupations (*).

(*) Nous nous acheminons vers cette excellente politique.

C'est un spectacle admirable que présentoit l'ancienne Lacédémone. Des hommes toujours occupés des exercices de la chasse, du disque, de la course, du pugilat, de la lutte, etc. se préparoient dans leurs plaisirs même à devenir d'intrépides défenseurs de la Patrie. Ils se délassoient de leurs travaux dans des écoles où on leur apprenoit moins à discourir, comme nous, sur les vertus, qu'à les pratiquer. Chaque âge, chaque sexe, chaque heure avoit ses occupations particulières. Le temps fuyoit rapidement pour les Spartiates; et au milieu de cette vie toujours agissante, comment les passions, malgré leur diligence et leur adresse, auroient-elles trouvé un moment pour tromper, séduire et corrompre un Lacédémonien ?

Jusqu'ici, mon cher Aristias, poursuivit Phocion, je ne t'ai en quelque sorte présenté que les faiblesses, la misère et la honte de l'humanité; jusqu'ici la Politique ne t'a paru occupée qu'à briser les liens par lesquels mille passions différentes, tenant l'homme attaché à ses intérêts personnels, le séparent de ceux de la société. Pour rompre le charme de ces Circé, qui nous menacent du sort que subirent les compagnons d'Ulysse, admire à présent la sagesse infinie de la nature à notre égard, et le secours qu'elle nous offre. Ces vertus si timides, si contraires à nos passions, si peu agissantes, si étrangères dans notre cœur, mais cependant si nécessaires, apprends par quel secret la Politique peut leur communiquer une force supérieure à celle des passions mêmes. Apprends par quelles resources la pratique des devoirs en apparence les plus austères, peut devenir agréable, et même délicieuse. C'est en tenant éveillé dans notre cœur l'amour de la gloire, sentiment noble et généreux qui nous fait connaître la grandeur de notre origine et de notre destination. C'est ce sentiment, par lequel nous sommes les rivaux des substances spirituelles, qui nous apprend que nous sommes l'ouvrage d'un Dieu.

En effet, Aristias, l'ame n'a aucun ressort plus capable de la mouvoir que l'amour de la gloire. D'autant plus sublime, qu'il se plaît à trouver des obstacles et des combats, par combien de triomphes obtenus sur les passions les plus hardies et les plus impérieuses, ne s'est-il pas illustré? Te citerois-je tous les grands hommes à qui elle a fait mépriser les charmes de la volupté, et aimer la pauvreté? L'amour de la gloire semble en quelque sorte nous séparer de nous-mêmes. Nous nous oublions par une sorte de prestige; prêts à lui sacrifier notre vie, l'image d'une belle mort s'empare de notre ame et l'enivre. Depuis Codrus, combien de héros ont été les généreuses victimes de ce sentiment?

Socrate, qui connaissoit si bien le cœur humain, ne se contentoit pas, pour exciter à la vertu, de démontrer qu'elle nous rend heureux, et porte avec elle sa récompense; il auroit craint que les passions plus éloquentes que lui, en offrant un plaisir présent, n'eussent fermé l'oreille de ses disciples à la vérité. Pour les rendre attentifs et dociles, il leur montra la gloire. C'est dans son école que se sont formés les derniers hommes de bien qui ont honoré notre République; et combien Athènes n'auroit-elle pas encore été heureuse et florissante, si, par l'organe des loix et la bouche des magistrats, la Politique avoit persuadé à tous les citoyens ce que Socrate persuadoit à ses disciples !

Si les barbares ne connaissent point l'amour de la gloire,

si cette vertu, déja affaiblie dans la Grèce, y devient de jour en jour infiniment plus rare qu'elle ne l'étoit il y a un siècle, ne crois pas que la nature ait été plus libérale envers nos pères qu'à notre égard, ou que par une prédilection injuste, elle ait pris plaisir à nous distinguer des étrangers. En tout temps, en tout lieu, elle répand également ses bienfaits; mais en tout temps et en tout lieu, la Politique ne sait pas en profiter également. Pendant la guerre Médique, les Thébains auroient montré autant de courage qu'ils laissèrent voir de timidité, si un Epaminondas eût rallumé dans leur cœur le sentiment éteint de l'amour de la gloire. Comment voudrois-tu, mon cher Aristias, que cette vertu osât pénétrer dans la Perse, et y produire quelques fruits? Un soufle contagieux en a fait mourir le germe même. Il n'est point de récompense imaginée pour honorer la vertu, dont quelque viçe ne s'y pare insolemment. Une cour enivrée de plaisirs, et qui est l'ame de tout l'Empire, n'a de faveurs à répandre que sur les ministres ou les instrumens de ses voluptés. Elle se gardera bien de donner le gouvernement d'une satrapie à un homme intelligent et vertueux; elle s'en défie, et le craindroit. Pour devenir Grand en Perse, il faut être un homme très-médiocre, ou s'avilir jusqu'à cacher ses talens.

Le peuple ne raisonne point. Naturellement porté par son

ignorance à donner son admiration à ce qui flatte son imprudence, son orgueil, son avarice, sa jalousie, etc. il confondra le bizarre et l'extraordinaire avec ce qui est véritablement sage et grand. N'en doute pas ; il courra après une gloire de préjugé et de mode, si la Politique, de concert avec la Morale, ne le met dans le bon chemin. Il s'en écartera, si on cesse un moment d'éclairer et de guider sa marche, et bientôt il dégoûtera par ses éloges ridicules et bruyans les appréciateurs du vrai mérite, et égarera avec lui ceux qui sont frappés de l'amour de la gloire, mais qui n'ont pas assez de lumière pour savoir où il faut la chercher.

Quand la Politique sera parvenue à connaître ce qui est véritablement estimable, quand elle aura, pour ainsi dire, pesé les vertus; qu'elle accorde une plus grande considération à celles qui sont les plus avantageuses à la société, et d'un exercice plus difficile. Au lieu de prodiguer les honneurs, que la République ne les dispense qu'avec une extrême économie. La gloire trop commune s'avilit. Que les récompenses soient rares, que tous les desirent, que peu les obtiennent; elles seront méprisées, si on les donne d'avance ou par caprice. Les talens ont droit d'y prétendre; mais ce n'est que quand ils sont utiles à la Patrie. Que nous importe d'avoir d'excellens peintres, d'excellens comédiens, d'excellens sculpteurs? Malheur à la nation insensée, qui, sous prétexte du génie qu'exige leur art, les places à côté du grand capitaine ou du grand magistrat, et leur donne les mêmes éloges. En est-on plus heureux, quand la peinture et la sculpture animent en quelque sorte la toile, le bronze et le marbre? Philippe apprend avec plaisir la magnificence de nos Panathenées; il est ravi que nos citoyens ne puissent se rassasier de fêtes, de musique, de spectacles. Autrefois nous n'élevions que des statues à peine ébauchées aux bienfaiteurs de la patrie, et nous avions une foule de grands hommes; aujourd'hui nous n'avons que des sculpteurs et des peintres. Conviens-en, Aristias, il est fort intéressant pour Athènes que quelques hommes, à force d'étude et d'art, parviennent à rendre parfaitement sur nos théâtres les rôles de Priam, d'Hercule, d'Achille et d'Ulysse, tandis que personne ne sait être citoyen dans la place publique, ni magistrat dans le sénat ou l'aréopage.

Mais il faut désespérer de la République, si elle distribue les récompenses de la vertu aux talens d'un homme vicieux. Crains ces talens funestes, mon cher Aristias; ce sont des phosphores brillans qui trompent le voyageur, et le conduisent au précipice. En recherchant les causes de la prospérité ou des revers des différentes Républiques de la Grèce, j'ai toujours remarqué qu'un peuple vertueux ne manque jamais des talens qui lui sont nécessaires, et et que les talens sont toujours inutiles, quand la vertu ne les seconde pas. Quel avantage Thèbes eût-elle retiré d'Epaminondas et de Pélopidas, s'ils eussent été avares, ambitieux, et jaloux l'un de l'autre? La Grèce dut autrefois son salut à la pensée hardie, mais sage, de Thémistocle, qui conseilla à nos pères d'abandonner leur Ville à Xerxès, de transporter leurs femmes, leurs vieillards, leurs enfans à Salamine, et de construire une flotte avec la charpente de leurs maisons. Oh! qu'il est heureux pour nous que nos pères aient su sacrifier leur intérêt particulier à la fortune publique! A quoi nous serviroient aujourd'hui les talens de ce grand homme? Si Aristide et Cimon eussent eu alors les mœurs basses et corrompues de notre temps, ils se seroient soulevés contre un projet dont ils n'étoient pas les auteurs; ils auroient préféré la perte de la République et de la Grèce entiere, au chagrin jaloux de les voir sauver par un autre. Ce fut l'honnêteté des mœurs publiques qui permit à Thémistocle (9) d'être un grand homme, et de vaincre les Perses.

Ce n'est pas tout, mon cher Aristias; c'est à ces malheureux talens des hommes vicieux que la Grèce a dû tous ses malheurs. Si le vice étoit stupide, il ne seroit jamais dangereux. C'est quand il se cache sous les talens, que faisant illusion à tous les esprits, il porte un coup mortel à la République. A-t-elle un établissement avantageux qui gêne l'ambition ou l'avarice des citoyens ? Un homme corrompu abuse de ses talens pour le décrier, et réussit enfin à détruire des loix qui maintenoient l'ordre public. A-t-elle un défaut dans sa constitution ? C'est par là qu'il l'attaque, qu'il la renverse, et s'élève sur ses ruines. Telle a toujours été la conduite des tyrans qui ont usurpé dans leurs villes la puissance souveraine. Ils ont employé leur génie à éluder la force des loix, et à tromper l'autorité ou la vigilance des magistrats. Ils ont semé des soupçons, ils ont fait naître des craintes et des espérances pour exciter des querelles ; ils les ont fomentées avec assez d'art, pour persuader qu'ils n'aimoient que le bien public. Quand leur intérêt l'a demandé, les moindres divisions sont dégénérées en espèces de guerres civiles ; et en feignant de servir les gens de bien, et de rétablir l'ordre, ils n'ont en effet établi que leur tyrannie.

Périclès, dont le génie supérieur pouvoit faire le bonheur d'Athènes et de la Grèce, n'a pas craint de corrompre (10) nos mœurs, pour flatter et gagner la multitude ; de nous rendre les tyrans de nos alliés, pour se faire croire nécessaires ; et d'allumer enfin la guerre fatale du Péloponèse, pour raffermir son crédit chancelant, et se dispenser de rendre compte de son administration.

Avec les mêmes talens, l'ambitieux Lysander ne songea qu'à renverser le gouvernement de sa Patrie, pour s'ouvrir le chemin du trône qui lui étoit fermé. Quand il pouvoit remettre en vigueur les anciennes loix, et rétablir les mœurs altérées par l'ambition d'une longue guerre, il ne travailla sourdement qu'à donner ses vices aux Lacédémoniens. Il trompa leur amour pour la gloire, il abusa de leur amour pour la patrie; et sous prétexte d'affermir leur puissance, il les rendit avares, ambitieux, et ruina leurs forces avec leur réputation. Que de maux ne nous a pas causés Alcibiade, dont les talens séduisans servoient à faire excuser les vices? Et ses talens nous ont-ils dédommagés du ravage que ses vices ont fait parmi nous (*)?

Je ne blâme dans nos spectacles que ce qu'ils ont ou de frivole ou d'immoral. Je les regarderai comme d'excellentes écoles, quand on nous y tracera avec autant de simplicité

(*) On peut donner en petit, sur un théâtre, la brillante et puérile représentation d'un beau paysage; mais que peut valoir cette représentation comparée à l'original? La campagne est le séjour de la fécondité; elle est l'immense laboratoire où la Nature nous prépare et nous distribue toutes ses richesses, tandis que la comédie ne nous offre que l'illusion d'un moment.... Eh bien! les talens sont aux vertus ce qu'un tableau fugitif des beautés de la Nature est à la Nature même. Avons-nous, par exemple, à nous féliciter des talens d'un Mirabeau, d'un Brissot, d'un Barnave, etc.? Non, leurs talens nous ont été aussi funestes que ceux d'Alcibiade aux Athéniens.

La terre entière, mon cher Aristias, n'offre qu'un vaste tableau des erreurs de la Politique. Elle s'égare presque toujours à la suite d'une fausse gloire; combien de préjugés, combien de vices mêmes ne rend-elle pas respectables! Elle n'emploie que rarement les moyens propres à favoriser l'amour de la gloire. On n'a point compris combien ce sentiment est délicat, jaloux de ses droits, et combien il exige de ménagemens. La menace le choque, et la crainte l'éteint dans tous les cœurs. Qui croiroit que les loix sanguinaires de Dracon

---

que de vérité les actions les plus vertueuses, les plus dignes d'être imitées par des Républicains.

fussent nées au milieu d'un peuple libre, et qu'on vouloit rendre vertueux ? Elles ne nous auroient donné que des vertus d'esclave, si nous avions eu la lâcheté d'y obéir. La peine de mort qu'il décerne contre les moindres fautes, ne sauroit être trop rare. Voulons-nous rendre l'amour de la gloire plus vif et plus général ? Que la honte nous suffise pour punir les coupables. Ce n'est qu'une morale outrée, et conduite par une haine aveugle contre les vices, qui les confond tous ; en voulant faire aimer la vertu, elle détruit le sentiment d'humanité qui en est la base. Laissons à des Critias prodiguer le sang. Ne menaçons de la mort que ces ames serviles, qui ne sont coupables que de crimes, qui ne demandent aucun courage, ou ces hommes dont l'atrocité ne suppose aucun retour à la vertu.

C'est l'estime publique, qui étant la récompense naturelle de l'amour de la gloire, peut seule porter notre ame à un certain degré d'élévation. C'est ne pas connaître les hommes, que de vouloir les exciter aux grandes actions autrement que par une branche de laurier, ou une statue. C'est avilir la vertu, c'est la profaner, que lui présenter un prix que l'avarice et la convoitise peuvent seules desirer. On diroit que le roi de Perse regarde l'honneur comme une marchandise qui s'évalue et s'échange au poids de l'or et de l'argent. Si Philippe n'étoit pas plus habile que ce monarque de l'Asie, la Grèce ne le redouteroit point. Son or ne lui sert qu'à faire et acheter des traîtres parmi nous; il nous le prodigue, mais il en est avare dans ses Etats. C'est en ménageant adroitement l'estime publique chez ses sujets, que la Macédoine, d'où il ne venoit pas même autrefois de bons esclaves, commence à produire aujourd'hui des citoyens propres à tous les devoirs et à tous les besoins de la société. Quand l'espérance d'acquérir des richesses porteroit à l'héroïsme, leur possession ne l'étoufferoit-elle pas? Que vaut, disent les Perses, cette récompense que j'ai reçue? Combien rapporte cette Satrapie? Quels sont les profits de cette charge du palais? Voilà donc les fruits qu'a produits la Politique aveugle et prodigue des successeurs de Cyrus. Princes malheureux, en comblant de biens vos courtisans, vous êtes parvenus à n'en faire que des esclaves et des mercenaires; ils ne sont plus dignes que des récompenses qu'ils reçoivent.

Si je ne me trompe, mon cher Aristias, les réflexions dont je viens de t'entretenir, suffisent pour te faire voir combien la tempérance, l'amour du travail et l'amour de la gloire, en nous débarrassant d'une foule de passions contraires aux intérêts de la société, nous portent sans efforts à la pratique de la justice, de la prudence et du courage. Je ne m'en tiendrai pas-là; car tandis que nos passions, toujours éveillées par les objets qui frappent notre imagination et nos sens, sont dans une action continuelle, notre raison sujette à de fréquens assoupissemens, n'est que trop disposée à se laisser tromper. Quelque solidement établi que paraisse l'empire des bonnes mœurs par le concours de plusieurs vertus qui se soutiennent et s'étayent réciproquement, nous ne devons donc point nous flatter qu'il sera inébranlable, tant que nous n'aurons que des hommes pour magistrats. Nous prendrons toutes les précautions imaginées par Socrate et Platon pour en faire des Aristide, je le veux; ils seront infatigables et incorruptibles, j'y consens: mais ces magistrats seront hommes; ils ne verront que les actions

tions extérieures du citoyen, et souvent ils viendront trop tard au secours des mœurs, de la justice et des loix offensées. Il seroit à souhaiter, pour étouffer le germe même du vice, qu'il leur fût permis de descendre dans nos consciences, de sonder les profondeurs de notre cœur, et de juger nos pensées et nos desirs quand ils naissent.

Mais les Dieux se sont réservés à eux seuls cette connaissance; et puisque le privilège de juger nos pensées et nos intentions, s'il étoit accordé à un homme, établiroit sa tyrannie, puisqu'il ouvriroit une porte libre aux passions du magistrat, peut-être plus funestes à la société que celles du citoyen; je voudrois que tous les hommes fussent persuadés de cette vérité importante, que la Providence, qui gouverne le monde, et qui voit les mouvemens les plus secrets de notre ame, punira le vice, et récompensera la vertu dans une autre vie. Cette doctrine, fondée sur la justice des dieux, si chère à notre raison, si proportionnée à nos besoins, n'est effrayante que pour nos passions. C'est pour étonner par des paradoxes, ou secouer le joug d'une crainte salutaire, que les sophistes ont méconnu cet Etre suprême, qui est le principe de tout, et dont le nom est écrit en caractères ineffaçables sur toutes les parties de son ouvrage. Ils ont dit qu'un hasard ridicule qui avoit tout fait, présidoit à tout, ou plutôt ne présidoit à rien. Pour ne pas fatiguer, je ne sais quels dieux paresseux et voluptueux qu'ils ont imaginés, ils ne veulent point que leurs regards descendent jusques sur la terre. Ce fleuve ténébreux, qui entoure neuf fois la demeure des morts, ces campagnes toujours fleuries qu'habitent les gens de bien, la roue d'Ixion, le vautour de Prométhée, les Euménides, leurs serpens, sont d'ingénieuses fictions. Mais en conclurai-je qu'aucune récompense n'attend la vertu après la mort, que le vice sera impuni, et qu'il est insensé de se donner la peine de résister à ses passions, et d'être vertueux?

On ne se porte point subitement et sans crainte à une première injustice; l'ame étonnée s'y refuse souvent ; et le crime, en un mot, a ses degrés, parce que les scélérats ont besoin de s'essayer à la scélératesse. D'abord on se familiarise avec l'idée du crime, on cherche ensuite les moyens de tromper la vigilance des magistrats et d'échapper à la rigueur des loix. A mesure qu'on médite son injustice, on la caresse, pour ainsi dire, on s'en abreuve, on s'en nourrit, et on l'exécute enfin avec audace et sans remords. Mais si le coupable eût su qu'il a un juge qu'on ne trompe point, et auquel il ne peut échapper, la crainte auroit sans doute produit un effet salutaire sur son cœur, et réprimé ses passions dans le temps qu'elles pouvoient encore obéir à la règle.

Les sophistes ont beau dire, mon cher Aristias, que les hommes les plus religieux sont les moins vertueux. Ils se trompent, ils appellent religion ce qui n'est que superstition ou hypocrisie. Ils regardent comme un homme pieux cet imbécille qui, dupe de quelques vaines expiations, ne sait ni ce que le ciel lui ordonne, ni ce qu'il lui défend, ou ce fourbe qui feint de craindre les dieux pour mieux tromper les hommes; mais si le sentiment de la religion est saint, comme le Dieu éternel et infini qu'elle adore, quelle force ne doit-il pas prêter aux loix? il inspirera certainement un respect timide aux passions. L'impiété de Salmonée et d'Ajax, qui ne révéroient que des Dieux pareils à eux, ne prouve rien. Je consens même qu'il puisse y avoir des impies, qui dans l'accès de leur rage bravent non pas Mars, Vénus, ou tel autre Dieu d'Homère qu'il vous plaira, mais cet Etre suprême qu'adoroit Socrate ; qu'en concluront les sophistes ? Ce qui est inutile à dix ou douze insensés dans le monde, sera-t-il également inutile à tous les hommes ? Parce que les loix, les magistrats, et les châtimens que la Politique emploie pour mettre une barrière entre les hommes et le crime, ne produisent aucun effet sur quelques ames atroces, faudra-t-il ne regarder la législation que comme une ressource vaine pour nous conduire au bien ? Faut-il détruire les loix, et dépouiller les magistrats de leur autorité ?

Je sais combien nous sommes esclaves de nos sens. Les passions, en troublant notre raison, peuvent sans doute nous distraire de la crainte des Dieux; mais cette crainte est toujours un frein de plus. D'ailleurs, leur ivresse ne dure pas toujours. La raison a ses instans pour se reconnaître, et l'idée d'un Dieu vengeur doit alors étonner et troubler salutairement un coupable. L'âge enfin survient, les passions s'affaiblissent, et les sentimens de religion font du moins réparer des maux qu'ils n'ont pu prévenir. On déteste ses erreurs, et on donne des exemples de vertus propres à instruire les jeunes gens de leurs devoirs.

Je te parlerois encore, mon cher Cléophane, de l'amour de

la patrie, si Phocion avoit voulu répondre à l'impatience d'Aristias. Bornons-nous aujourd'hui à l'examen des vertus dont je viens de vous parler ; demain, nous dit-il, je satisferai votre curiosité.

QUATRIEME ENTRETIEN.

De l'amour de la Patrie et de l'humanité. Des vertus nécessaires à une République pour prévenir les dangers dont elle peut être menacée par ses voisins.

Phocion nous avoit donné rendez-vous à sa maison de campagne pour notre quatrième entretien, et je m'y rendis hier avec Aristias. Oh ! l'heureuse Mélite ! Oh ! le fortuné hameau, mon cher Cléophane, qui sert de retraite au plus sage des hommes ! C'est-là que Phocion, aussi grand qu'à la tête de nos armées, médite le salut de la République, et cultive de ses mains victorieuses l'héritage borné qu'il tient de ses pères. La femme de cet homme qui a porté la guerre dans de riches provinces, pétrissoit le pain (1), quand nous entrâmes chez elle. Phocion tiroit de l'eau au puits pour arroser les légumes grossiers qu'il a semés, et leur esclave sembloit ne remplir à leur égard que les devoirs de l'amitié. Qu'Homère avoit raison ! le plus bel ornement d'une maison, c'est la vertu de son maître. Je crus entrer dans un temple plein du dieu qui l'habite. Je lus sur le visage d'Aristias le respect dont il étoit pénétré. Que la pauvreté est quelquefois auguste ! Hélas ! mon cher Cléophane, la plupart de nos citoyens n'y entendent rien. En ornant leurs maisons de statites, de vases et des plus rares peintures, ils croient mériter l'estime publique, et font seulement admirer la folle impudence avec laquelle ils osent élever des trophées à leurs rapines et à leurs injustices.

Jusqu'à présent, nous dit Phocion, après que nous l'eûmes prié de nous continuer ses instructions, nous nous sommes entretenus des vertus que la Politique doit regarder comme les fondemens de la société et les principes du bon ordre. Si vous le voulez, nous entrerons aujourd'hui dans quelques détails qui ne sont pas moins importans. Mon cher Aristias, continua-t-il en souriant, malgré la sévérité de ma morale, je t'ai un peu scandalisé. Dans notre dernier entretien, tu m'as laissé voir ton étonnement au sujet de mon silence sur l'amour de la patrie. Voici les raisons de ce silence, juge-les. J'ai cru que je devois te parler des vertus dans l'ordre même où la Politique doit les ranger pour en rendre la pratique plus aisée et plus familière. Il n'y a point et il ne peut y avoir d'amour de la patrie dans les Etats où il n'y a ni tempérance, ni amour du travail, ni amour de la gloire, ni respect pour les Dieux. Le citoyen occupé de lui seul, s'y regarde comme un étranger au milieu de ses concitoyens. Dans une République au contraire où ces vertus sont cultivées avec soin; l'amour de la patrie y naîtra de lui-même, et produira sans secours des fruits abondans. Tu vois donc, mon

mon cher Aristias, qu'il ne doit point être placé dans la classe de ces vertus, que j'ai appelées *mères ou auxiliaires.*

Je ne saurois te peindre, mon cher Cléophane, l'étonnement d'Aristias à ce discours. Quoique subjugué par la sagesse de Phocion, il ne put s'empêcher de l'interrompre. Eh! quoi, Phocion, lui dit-il avec chaleur, peut-il y avoir une vertu qui ne le cede même à l'amour de la patrie? C'est lui qui est l'ame de toutes les vertus du citoyen, il tient lieu souvent de toutes. Il produira à son gré la tempérance, il fera supporter avec courage les travaux les plus pénibles, il méprisera tous les dangers. Ces barbares, que nous regardons comme la lie du genre humain, leur refuserions-nous notre estime, s'ils aimoient leur patrie, et savoient vivre et mourir pour elle ? N'est-ce pas parce que la nôtre nous devient de jour en jour plus indifférente, que nous craignons aujourd'hui des voisins qui nous respectoient autrefois, et que nous sommes prêts à subir le joug de la Macédoine ?

Que cette chaleur me plaît, s'écria Phocion en embrassant tendrement Aristias, et plût aux Dieux, protecteurs de la Grèce, que tous les Grecs pensassent comme toi ! Ah ! mon maître, ah ! Phocion, reprit Aristias, dont la surprise augmentoit encore, pourquoi te plais-tu à m'embarrasser ? Pourquoi fais-tu ce vœu, si je suis dans l'erreur ? C'est que nos citoyens, répondit Phocion, auroient au moins une vertu; ils commenceroient à rougir de leurs vices, leur ame auroit encore quelque ressort, et tout ne seroit pas désespéré. Non, Aristias, l'amour de la patrie, s'il n'est enté sur d'autres vertus, ne produira point les miracles que tu imagines. S'il s'allume par hazard dans des citoyens livrés aux plaisirs, paresseux et indifférens sur la gloire, ce ne sera qu'un engouement passager, sur lequel il seroit imprudent de compter, et dont la politique ne peut tirer un avantage durable. Cette plante née, pour ainsi dire, dans une terre étrangère, et mal préparée à la recevoir et la nourrir, y mourroit en naissant. L'amour ne s'ordonne point : si tu veux que le citoyen aime sa patrie, ouvre son ame à ce sentiment par la pratique des vertus dont je te parlois hier.

J'y consens, repartit vivement Aristias ; mais du moins, Phocion, tu vas placer l'amour de la patrie au rang de ces vertus sublimes, d'où découlent tous les biens de la société. Qu'avec la justice, la prudence et le courage, il soit le terme où la Politique doit nous conduire par la tempérance, l'amour du travail, l'amour de la gloire et la crainte des Dieux. Je te tromperois par cette complaisance, reprit Phocion en badinant, et il ne dépend pas de moi de disposer du rang des vertus, comme un maître de celui de ses esclaves.

Par la nature des choses, poursuivit Phocion, il y a des vertus qui n'ont besoin que de se consulter elles-mêmes pour agir, et toujours produire le bien ; telles sont la justice, la prudence et le courage. Mais d'autres vertus sont subordonnées entre elles, et c'est à la vertu supérieure à diriger celle qui lui est soumise. Tu vas m'entendre. La Morale, par exemple, nous ordonne d'être économes, généreux, compatissans ; mais ces qualités deviendroient autant de vices, si elles n'étoient gouvernées par une vertu supérieure, la justice. Mon économie sera criminelle, si je manque à ce que la justice exige de moi à l'égard de mes proches et de mes concitoyens. Je suis coupable à force de générosité, si je prodigue ma fortune à mes amis, aux dépens de mes créanciers. Je dois plaindre les coupables, les malheureux, mais sans faiblesse, pour ne pas leur sacrifier les loix et la République. J'en suis fâché pour toi, mon cher Aristias, il en est de l'amour de la patrie, comme de l'économie, de la générosité, etc. Soumis, comme elles, à une vertu supérieure, il doit, comme elles, lui obéir; ou ses erreurs, loin de servir la République, en précipiteront la décadence.

Cette vertu supérieure à l'amour de la patrie (2), c'est l'amour de l'humanité. Porte ta vue, mon cher Aristias, au-delà des murailles d'Athènes. Est-il rien de plus opposé à ce bonheur de la société, dont nous recherchons le principe, que ces haines, ces jalousies, ces rivalités qui divisent les nations? La nature a-t-elle fait les hommes pour se déchirer et se dévorer? Si elle leur ordonne de s'aimer, comment la Politique seroit-elle sage, en voulant que l'amour de la patrie portât les citoyens, à rechercher le bonheur de leur République dans le malheur de ses voisins? Faisons disparaître ces frontières, ces limites qui séparent l'Attique de la Grèce, et la Grèce des provinces des barbares (*); et il me semble

---

(*) Un de nos derniers tyrans a dit à l'un de ceux de l'Espagne, en lui promettant que les deux royaumes seroient

que ma raison s'étend, que mon esprit s'élève, que tout mon être s'agrandit et se perfectionne. S'il est doux pour moi de voir que mes concitoyens veillent à ma sûreté, combien n'est-il pas plus agréable de penser que le monde entier doit travailler à mon bonheur?

Comment s'est-il pu faire que des hommes, qui renoncèrent à leur indépendance, et formèrent des sociétés, parce qu'ils sentirent le besoin qu'ils avoient les uns des autres,

---

toujours unis, *il n'y a plus de Pyrénées.* Ce mot est fort beau, il a été admiré. L'espèce humaine devenue libre, dira un jour avec bien plus de raison : Il n'y a plus ni mers, ni fleuves, ni montagnes.

'aient pas vu que les sociétés nt les mêmes besoins de s'ai- er, de se secourir, de s'aimer, t n'en aient pas conclu sur le hamp qu'elles devoient obser- er entre elles les mêmes règles 'ordre, d'union et de bienveil- ance, que les citoyens d'une ême bourgade ont entre eux? ue la raison est lente à pro- ıter des lumières de l'expé- ience, et à secouer le joug de 'habitude, des préjugés et des assions! Excusons nos pre- ıières Republiques de n'avoir connu pendant long-temps 'autre droit que celui de la orce. Sans m'arrêter, Aristias, à te peindre les mœurs de ces Grecs farouches, avides de pil- lage, et dont les capitaines étoient reçus comme des Dieux dans leurs peuplades, quand ils y revenoient chargés de butin, et suivis des esclaves qu'ils avoient faits sur les terres de leurs voisins, il est certain qu'ils aimoient leur patrie. Ils vouloient sans doute la rendre riche et florissante au dedans, et redoutable au dehors. Mais cet amour aveugle de la patrie, quel bien leur procuroit-il? Il ne donna qu'une bravoure plus féroce à des hommes qui n'avoient aucune des vertus qui honorent des êtres raisonnables. Il les porta à des entreprises injustes et violentes. Ces triomphes cruels, dont le vainqueur avoit la stupidité de s'applaudir, ne lui annonçoient que la haine et la vengeance de ses voisins, et des malheurs pour l'avenir. En effet, le doux nom de paix fut ignoré pendant long-temps dans la Grèce. On ne vit de toutes parts que des peuples errans et fugitifs, qui, après avoir été chassés de leurs maisons, y revinrent égorger les conquérans; chaque jour une nouvelle révolution faisoit périr quelque bourgade de nos pères.

Ce n'est que lassés et vaincus par leurs malheurs, qu'ils ouvrirent enfin les yeux. Chacune de nos Républiques, toujours incertaine de recueillir dans ses champs les fruits que le citoyen y avoit cultivés, et toujours à la veille d'être subjuguée et asservie, soupçonna que ses haines, ses jalousies, sa barbarie, pourroient bien ne lui être pas aussi avantageuses qu'elle le croyoit, et comprit qu'il n'y a point d'état qui n'ait besoin de l'amitié de ses voisins. Nous commençâmes alors à faire des traités et des alliances. A mesure que nous apprîmes à distinguer un voisin d'un ennemi, la Grèce se poliça, les soupçons et les haines s'éteignirent, on rechercha les devoirs que la nature impose aux sociétés. Le droit des Nations n'est plus inconnu; déja on en découvre quelques loix, et l'amour de la patrie, dirigé par quelques principes, et uni à quelques vertus, commença à produire quelque bien.

Amphyction lia par une ligue plusieurs de nos villes; mais ce n'étoit encore là qu'une ébauche bien imparfaite du bonheur des Grecs. C'est Lycurgue, dont on ne peut jamais assez admirer la sagesse

et

et les lumières, qui le premier des hommes comprit combien il importe à un Etat, qui veut se mettre à l'abri des insultes de ses voisins, de suivre à leur égard les loix de cette alliance éternelle que la Nature établit entre tous les hommes. Il voulut que l'amour de la Patrie, jusqu'alors injuste, féroce et ambitieux, fût épuré dans Lacédémone par l'amour de l'humanité. Sa République bienfaisante ne se servant plus de ses forces que pour protéger la faiblesse, et défendre les droi de la justice, mérita en peu de temps l'estime, l'amitié et le respect de toute la Grèce, à qui ses sentimens donnèrent un goût nouveau pour la vertu.

Les ennemis de Sparte cessèrent de la haïr, et recherchèrent son alliance. Ses alliés, dont la reconnaissance n'étoit altérée par aucune crainte, ni même par aucun soupçon, devinrent les appuis et les garans de son repos et de sa sûreté. Les Spartiates, en faisant leur bonheur, firent celui de tous les Grecs. Corinthiens, Thébains, Achéens, Athéniens, etc. nous ne regardions tous comme notre patrie, que le coin de terre où nous étions nés; mais bientôt réunis par une bienveillance générale, la Grèce devint notre patrie commune; et nos villes, qui n'avoient senti que leur faiblesse et des alarmes au milieu de leurs divisions, formèrent une République florissante, et capable de triompher de toutes les forces de l'Asie. (*)

O mon cher Aristias! pourquoi nous croyons-nous étrangers hors des murailles de nos villes? Pourquoi ces rivalités, ces haines, ces guerres cruelles? La Nature avare n'a-t-elle départi aux hommes qu'une faible portion de bonheur qu'il faille conquérir les armes à la main? Nous n'avons tous qu'à connaître nos vrais intérêts, pour être tous heureux.

S'il est sage à un simple

(*) Voyez dans la première remarque de Mably sur le premier Entretien, combien ces divisions momentanées auroient peu nui à la prospérité des Républiques Greques, si dans les siècles suivans, siècles de mauvaise foi et d'immoralité, ces mêmes divisions ne s'étoient changées en guerres cruelles.

citoyen, poursuivit Phocion, de se concilier l'estime et l'amitié de ses compatriotes, n'est-il pas plus nécessaire encore à un Etat d'inspirer les mêmes sentimens à ses voisins? Le citoyen peut, à la rigueur, se passer d'amis et ne pas craindre des ennemis, puisqu'il est sous la pretection des loix, et que le magistrat est toujours à portée d'aller à son secours. En est-il de même d'une République? Tout ce que les passions produisent chaque jour d'absurdités, d'injustices et de violences entre les différens peuples, ne prouve-t-il pas combien le droit des nations est une sauve-garde peu sûre pour chaque société en particulier? L'histoire n'est pleine que de révolutions aussi subites que bizarres. Le peuple le plus sage et le mieux gouverné a encore des momens de langueur, de faiblesse, de distraction et d'erreur ; la ville la plus méprisable et qu'on redoute le moins, peut produire par hazard un Epaminondas, prendre un nouveau génie, et se rendre redoutable ; la Politique, en un mot, ne peut jamais prévoir tous les caprices de la fortune, ni tous les dangers dont elle est menacée. Quelque puissant que soit un Etat, cette idée des écueils dont il est entouré, ne doit-elle pas l'effrayer et lui apprendre qu'il ne peut jouir d'une prospérité constante, ni même se soutenir long-temps, s'il ne travaille par sa justice, sa modération et sa bienfaisance, à se faire des alliés fidèles et zélés.

Tu voudrois, Aristias, acquérir à ton ami l'amitié du monde entier. S'il lui manque quelque vertu, tu voudrois pouvoir la lui donner. Comment croirois-tu donc qu'un citoyen aime sa patrie, quand il flatte et caresse ses vices, et ne cherche qu'à la rendre incommode, suspecte et odieuse à ses voisins? Si ton ami te consultoit sur les moyens de mériter de la considération dans Athènes, et de gagner les suffrages du peuple dans les élections, lui conseillerois-tu de paraître un homme sans foi, d'oublier ses engagemens, d'user en toute occasion de son droit avec rigueur, d'être insolent et dédaigneux, et de tendre des piéges à toutes les personnes avec lesquelles il traite? Pourquoi donc nos sublimes Politiques conseillent-ils à la République d'avoir à l'égard des étrangers la même conduite que tu blâmerois dans ton ami? Se fait-on des amis par des injustices et des injures? Les Républiques n'ont-elles pas la même manière de voir, de sentir et de juger que les citoyens?

Sans doute, Phocion, lui dit Aristias, ce seroit un blasphême de penser que les Dieux aient mis la raison humaine en contradiction avec elle-même, qu'elle pût conseiller, sous le nom de Politique, ce qu'elle défendroit sous celui de Morale. Sans doute que le faux amour de la patrie a perdu bien des Etats, en ne consultant pas l'amour de l'humanité. Cependant, continua-t-il, en laissant voir la crainte qu'il avoit de se tromper, seroit-ce trahir ma patrie, si, entourée de voisins ambitieux, inquiets et sans foi, je lui conseillois de se servir, pour sa défense, des mêmes armes dont elle est attaquée? La modération, la justice et la bienfaisance seront les dupes de l'ambition et de la fraude. D'ailleurs, si je suis né dans une République qui ne possède qu'un médiocre territoire, et qui ne peut armer que peu de bras pour sa défense, ne serois-je pas imprudent de vouloir la retenir dans sa première médiocrité, tandis que ses voisins ne travaillent qu'à augmenter leurs possessions et leur fortune? Je dois redouter ces forces accumulées; et il me semble que ce n'est qu'en s'agrandissant elle-même, que ma patrie peut prévenir les dangers que je prévois.

Non, mon cher Aristias, lui répliqua vivement Phocion, si mon ennemi m'attaque avec de mauvaises armes, je me garderai bien de quitter les miennes. Quand, après la guerre Médique, nos Orateurs crurent que c'étoit trahir l'honneur et la fortune d'Athènes, que d'abandonner encore à Lacédémone le commandement des armées, et qu'il falloit contraindre nos alliés à être nos esclaves, puisque la mer étoit couverte de nos vaisseaux; supposons que les Spartiates, au lieu de se servir, à notre exemple, de la ruse et de la force, n'eussent employé, pour conserver l'empire de la Grèce, que les mêmes vertus par lesquelles ils l'avoient autrefois acquis : croiras-tu, Aristias, que cette Politique leur eût été moins avantageuse que la nôtre qu'ils adoptèrent ? Si on n'avoit pas alors commencé à s'appercevoir de la mauvaise foi de Sparte, et à redouter son ambition, elle nous auroit aisément réduits, en nous débauchant des alliés que nous irritions contre nous par la dureté de notre conduite. C'est parce que cette République avoit abandonné ses armes pour se défendre avec les nôtres, que les Grecs ; incertains et sans règle, tantôt se jetèrent dans ses intérêts, et tantôt embrassèrent notre défense. Delà des disgrâces égales et des succès infructueux pendant près de trente ans. Ce n'étoit point une fortune aveugle et capricieuse dont il falloit se plaindre; c'est à nos vices seuls que ous devions nous en prendre. acédémone triompha enfin, nais ce ne fut point par l'asendant de son gouvernement ur le nôtre; nous l'aurions de ême accablée, malgré notre ffaiblissement, si les hasards ui se déclarèrent pour elle, 'étoient déclarés pour nous.

Après nous avoir humiliés, lle éprouva un sort pareil au ôtre. Quelle en fut la cause? ette même Politique injuste t frauduleuse, avec laquelle lle avoit eu tant de peine à ous asservir. En reprenant leur ancienne vertu, les Spartiates auroient étouffé promptement l'esprit de discorde et d'ambition que nos querelles avoient fait naître, et recouvré sans peine leur premier empire. En opposant la fraude à la fraude, l'injustice à l'injustice, la force à la force, ils multiplièrent leurs ennemis, et n'eurent plus de règle, ni de principe pour se conduire. Si l'ambition et l'injustice pouvoient se cacher sous le voile de la vertu, et me dérober leurs manœuvres, je les craindrois; mais les dieux ne le permettent pas: elles se trahissent toujours elles-mêmes; et dès que je les apperçois, leur art devient inutile. Si mon ennemi est faible, qu'ai-je à craindre? S'il est puissant, en renonçant à ma modération,

modération, dois-je être assez mal-habile pour lui fournir un prétexte de m'asservir ? Qu'ai-je à craindre de cette Politique artificieuse qui ne veut que tromper, si je sais attendre patiemment qu'elle ait épuisé ses ruses et ses fraudes, et la réduire à me donner des signes certains de sa bonne foi, avant que de traiter avec elle ?

Si votre voisin acquiert une ville ou une province, acquérez une nouvelle vertu, et vous serez plus puissant que lui. Que nous importeroit que Philippe n'eût vaincu, ni l'Illyrie, ni la Péonie, si nous n'étions pas corrompus ? seroit-il moins redoutable pour nous, s'il n'avoit pas reculé les frontières de la Macédoine ? Pourquoi, mon cher Aristias, nous effrayer de l'agrandissement d'un de nos voisins? S'il asservit un peuple assez lâche pour ne pas défendre avec vigueur son indépendance, quel sera le fruit de cette brillante conquête? Des poltrons seront-ils plus braves pour servir leur nouveau maître, qu'ils ne l'ont été pour conserver leur liberté? Il subjuguera, diras-tu, une nation courageuse. Mais plus il aura de peine à la vaincre, plus il se défiera de son obéissance et de sa fidélité. Pour ne pas craindre ces vaincus indociles, il faudra les humilier, les rendre timides, et se priver, en un mot, des forces qu'on avoit espéré de joindre à celles qu'on possédoit déja. Cyrus, dit-on, lassé des révoltes fréquentes des Lydiens, leur ordonna de porter des manteaux, et de chausser des brodequins; il leur donna des fêtes, et les amollit par l'usage des voluptés. La sublime Politique ! Eh ! grands Dieux ! que Cyrus ne laissoit-il les Lydiens en repos. Pourquoi acheter à grands frais, par la guerre, des sujets toujours inutiles, et souvent dangereux; tandis que sans peine, sans inquiétude, sans verser des torrens de sang, la bonne foi, la justice et la bienfaisance, vous acquerront des alliés et des amis toujours prêts à se sacrifier à vos intérêts?

Que la Politique bienfaisante de Lycurgue nous serve de modèle. Si nous aimons notre patrie, cherchons à lui faire des alliés, et non pas des sujets. Je crois, mon cher Aristias, te l'avoir dit, il y a quelques jours, l'ordre que l'Auteur de la nature a établi dans les choses humaines, ne permettra jamais que la fraude, l'injustice et la violence, qui ne sont entourées que d'ennemis ou d'esclaves, servent de fondement solide à la puissance d'un état. Rappelle-toi ce que nous avons dit. Cite-moi un peuple qui ne se soit pas affaibli, et enfin ruiné par ses conquêtes. Quelle est la nation que les dépouilles et l'abaissement des vaincus n'aient pas corrompue? Babyloniens, Assyriens, Mèdes, Perses, successivement vaincus les uns par les autres, qu'est-il résulté de tant d'ambition, de tant de guerres, de tant de travaux, de tant de victoires?

Une monarchie maîtresse de l'Asie, et qui n'a pu avec des millions de soldats asservir, ni Athènes, ni Lacédémone, deux petites villes qui n'avoient que de la vertu.

Ces grandes puissances qui, en nous effrayant, excitent notre jalousie, sont destinées à succomber sous leur propre poids. C'est que la vigilance et les lumières des hommes sont trop bornées, leurs passions trop fortes, et leur vertus trop fragiles, pour qu'une grande province puisse être sagement gouvernée (3). Plus la machine du gouvernement est étendue, moins les mouvemens en seront prompts, rapides, exacts et réguliers. Il est d'autant plus difficile de réprimer dans un grand empire les passions qui portent à la révolte, ou qui avilissent l'ame, que les magistrats y sont exposés de leur côté à des tentations trop fortes ou trop fréquentes pour la faiblesse humaine. Il me semble que dans nos villes de la Grèce, je pourrois ne manquer à aucun des devoirs de la magistrature; mais je comprends que si je gouvernois une satrapie de Perse, il faudroit me contenter de desirer le bien, sans pouvoir le faire. Tous les ressorts du gouvernement doivent se détendre dans un grand Etat; toutes les loix y sont nécessairement méprisées ou négligées. Tandis que tout peut être nerf, force et action dans une petite République, un grand empire paraît frappé de paralysie; et voilà pourquoi une poignée de Perses a autrefois conquis l'Asie sur les Mèdes. Voilà la cause des disgrâces de Xerxès ; voilà pourquoi nos pères ont fait trembler ses successeurs jusques dans leur capitale.

Mon cher Aristias, poursuivit Phocion, j'ai tâché de ramener à des principes fixes et certains, cette science qu'on nomme Politique, et dont les sophistes nous avoient donné une idée bien fausse. Ils la regardent comme l'esclave ou l'instrument de nos passions ; de-là l'incertitude et l'instabilité de ses maximes ; de-là ses erreurs, et les révolutions qui en sont le fruit. Pour moi, je fais de la Politique le ministre de notre raison, et j'en vois, résulter le bonheur des sociétés.

Je n'aurois rien à ajouter aux principes généraux que je t'ai développés, si tous les hommes étoient capables de connaître et d'aimer la verité. Mais c'est une espérance à laquelle il seroit insensé de se livrer. Quelque part qu'on jette les yeux, on ne voit, et on ne verra éternellement qu'erreurs et que vices. Ce n'est pas le bonheur auquel la nature nous destine, que les hommes veulent connaître, ils voudroient qu'on leur apprît à être heureux selon leurs goûts et leurs préjugés. Puisque la raison, depuis la naissance du monde, réclame inutilement ses droits contre les passions, attendons-nous, Aristlas, qu'elle ne sera pas plus heureuse dans la suite (*), et que la jalousie, la haine et l'ambition, qui ont déja perdu tant de peuples, de Républiques et d'empires, exerceront encore leur aveugle fureur sur les nations.

Au milieu de cet esprit de brigandage dont la terre est infectée, et que rien ne peut extirper; au milieu des dangers dont tous les peuples sont menacés, il ne suffit donc point à une République de n'avoir rien à craindre de ses

---

(*) Ce que la raison n'a pu obtenir depuis la naissance du monde, parce qu'elle ne pouvoit se faire entendre qu'à quelques sages, elle l'obtiendra enfin aujourd'hui que ses lumières sont bien plus répandues qu'autrefois.

propres passions; il faut qu'elle se défie de celles des étrangers, et soit en état de les contenir et de les réprimer. La justice, la bonne foi, la modération et la bienfaisance qu'inspire l'amour de l'humanité, sont propres, ainsi que tu l'as vu, à concilier l'estime et l'affection des étrangers, et par conséquent à servir de rempart contre leurs passions. Mais ce rempart, Aristias, n'est pas impénétrable à la méchanceté des hommes. Attendons-nous à voir les passions s'égarer dans leur ivresse, jusqu'à mépriser et haïr les vertus. Réprimons-les alors par la crainte, c'est-à-dire, que la Politique nous fait une loi de ne cultiver la paix, qu'en étant toujours prêt à faire heureusement la guerre.

Je sais qu'un peuple tempérant qui aime le travail et la gloire, et craint les Dieux, aura nécessairement du courage dans les combats, de la patience dans les fatigues, et de la fermeté dans les revers. Dans chaque occasion il prendra sans effort la vertu qui lui sera la plus utile. Sans doute que toutes ses forces se réuniront dans le danger, et qu'une même volonté fera agir de concert tous les bras. Mais fais attention que les qualités d'emprunt, si je puis parler ainsi, avec lesquelles on n'est pas familiarisé par un usage journalier, n'ont presque aucun pouvoir. Si la paix même n'offre pas dans une République l'image de la guerre, si les esprits ne sont point accoutumés avec l'idée des périls, si les citoyens ne sont préparés par leur éducation à être soldats, craignons que la vue du danger et leur inexpérience ne les consternent. La crainte est une passion des plus naturelles au cœur humain, et des plus dangereuses. Empêchons que l'ame n'y soit ouverte ; quand la crainte engourdit les sens et trouble la raison, il n'est plus temps d'y remédier.

Que notre République soit donc militaire, que tout citoyen soit destiné à défendre sa Patrie, que chaque jour il soit exercé à manier ses armes, que dans la ville il contracte l'habitude de la discipline nécessaire dans un camp (*).

(*) Presque tous nos jeunes-gens sont mi-

Non-seulement vous formerez par cette politique des soldats invincibles, mais vous donnerez encore une nouvelle force aux loix et aux vertus (4) civiles. Vous empêcherez que les douceurs et les occupations de la paix n'amollissent et ne corrompent insensiblement les mœurs; car si les vertus civiles, la tempérance, l'amour du travail et de la gloire, préparent aux vertus militaires, celles-ci leur servent à leur tour d'appui.

Depuis que notre gouvernement, pour favoriser la paresse

---

litaires : l'exercice des armes est pour eux une passion; mais ils ne sont pas encore parvenus à se soumettre dans les villes à la discipline des camps, ce qui seroit fort à desirer qu'ils fissent.

et la lâcheté, a permis de séparer les fonctions civiles des militaires, nous n'avons ni citoyens, ni soldats. Des hommes qui croyoient n'avoir plus besoin de courage, ne tardèrent pas à ne s'occuper que de plaisirs ou d'intrigues. Leur caractère ne conserva ni force, ni noblesse, et leur voix est cependant comptée dans le sénat et la place publique. De-là sont nés tous ces décrets qui nous couvriront d'un opprobre éternel, et une certaine mollesse dans l'esprit national, qui ne permet aucun retour vers le bien. Nos armées ne furent composées que de la lie de la République. Nos soldats comparèrent leur sort avec celui des citoyens riches, oisifs et voluptueux, qui vivoient dans leurs maisons. Ils portèrent les armes avec dégoût; la guerre leur parut le dernier des métiers, et ils ne la font depuis que dans l'espérance de piller, et de jouir un jour du fruit de leurs rapines. Comment seroit-il possible de former une pareille milice à cette discipline austère et régulière, sans laquelle le courage même seroit inutile? Comment parviendriez-vous à donner à ces soldats avares et mercenaires les sentimens de générosité que doivent avoir les défenseurs de la patrie?

Que nos riches citoyens sont insensés de confier à d'autres qu'à eux-mêmes la garde de la République (*)! et de ne pas

(*) Plusieurs de nos citoyens riches vou-

prévoir qu'ils s'exposent à perdre cette liberté, ces richesses, cette oisiveté, ces plaisirs dont ils sont si jaloux ! Chaque jour notre avilissement augmente avec notre corruption. Ou nous serons enfin vaincus par nos ennemis ; ou nous nous détruirons de nos propres mains. Il ne faut pas se flatter qu'il règne pendant long-temps un certain accord entre les riches qui ne contribuent qu'avec chagrin aux frais de la guerre, et les pauvres qui la font, en murmurant, aux dépens de leur sang. Ils se méprisent

---

droient bien aussi que leur argent montât la garde pour eux ; mais ne souffrons pas qu'ils renoncent à l'honneur que nous leur faisons de maintenir et de défendre comme nous la chose publique.

déja secrètement ; et dès que la mésintelligence aura éclaté entr'eux, leur haine sera irréconciliable. Si ceux-ci triomphent, ils oppримeront leur patrie, et lui donneront un tyran pour se faire un protecteur qui les enrichisse et les venge. Si les autres, par un hasard difficile à prévoir, acquièrent l'Empire sans se diviser, ils régneront en tremblant ; et pour se délivrer d'une crainte importune, ne voudront avoir qu'une milice mercenaire, toujours redoutable à des citoyens oisifs, et cependant incapable de servir de rempart à la République (5) contre des ennemis courageux et disciplinés.

On nous parle souvent de Carthage, dont les citoyens ne

sont occupés que de leur commerce et de leurs richesses, tandis que des soldats achetés à prix d'argent, lui ont acquis et lui conservent l'Empire de l'Afrique. Mais cet exemple ne me rassure pas. Si cette République, mon cher Aristias, m'étaloit ses richesses, son pouvoir, ses vaisseaux, comme Crésus fit voir autrefois à Solon les richesses de son trésor, pour lui prouver qu'il étoit l'homme de l'univers le plus heureux, je répondrois aux Carthaginois : J'ai vu une petite République qui ne couvre point la mer de ses vaisseaux, qui aime sa pauvreté, qui n'a point de sujets, dont tous les citoyens sont soldats, et je crois son bonheur mieux affermi que le vôtre. S'ils s'indignoient de ma liberté, pourquoi, leur dirois-je, voulez-vous que j'estime une prospérité que mille accidens doivent déranger, et qui ne tient qu'à des circonstances qui ne peuvent subsister? Solon vouloit attendre que Crésus fût mort pour juger de son bonheur. Sans me laisser éblouir par la puissance des Carthaginois, j'attendrai de même, pour juger de leur prospérité, de voir comment ils résisteront aux entreprises de leurs propres armées, si elles ont assez de courage pour se mutiner (6) et se révolter. J'attendrai qu'ils aient affaire à un ennemi brave, pauvre et exercé à la guerre. Si, comme Crésus, ils trouvent un Cyrus, s'ils deviennent les esclaves d'un de leurs généraux, conviens, Aristias, que les Politiques, qui admirent aujourd'hui la sagesse et la prospérité des Carthaginois, seront obligés de changer de langage.

Si cette République a acquis de grandes provinces, apparemment que les vaincus étoient encore moins braves et moins disciplinés que ses mercenaires. Si elle domine sur ses voisins, sans doute qu'elle a commencé par leur communiquer ses vices. Entre des peuples également vicieux, je ne suis pas étonné que celui qui peut acheter des soldats, ait la supériorité. Mais n'en conclus pas, Aristias, qu'il se gouverne sagement; il est perdu, si un de ses voisins se corrige de quelqu'un de ses défauts. Misérable République qui ne réussit et ne se soutient que par l'imbécillité et la corruption de ses voisins et de ses ennemis ! Ce défaut de Carthage a été le défaut de presque tous les États. Au lieu de ne consulter que les besoins essentiels de la société, et de ne chercher que ce qui doit la rendre heureuse dans toutes les circonstances et dans tous les temps, l'imprudente Politique se laisse séduire par des succès passagers. Elle ne s'est presque jamais fait que de fausses règles ; et delà ces révolutions dont tant de peuples ont été et seront encore les victimes. Oui, Aristias, je prédis d'avance la chûte des Carthaginois, je la vois ; car il y aura éternellement sur la terre quelque peuple toujours prêt à faire la guerre aux nations qui sont riches, et jusqu'à présent les richesses qui corrompent les mœurs, ont toujours été le butin du courage et de la discipline.

Que nous sommes loin, s'écria Aristias, des vrais principes de la Politique ! L'histoire de la Grèce, et ce qu'on nous raconte des révolutions arrivées dans les Etats qui partageoient autrefois l'Asie, ne prouve que trop, Phocion, la vérité de ta doctrine, et le malheur de notre situation présente. Accoutumé à entendre dire perpétuellement à nos politiques, que l'argent (7) est le nerf de la guerre, j'ai, je l'avoue, quelque peine à comprendre qu'elle puisse se faire sans occasionner de grandes dépenses. De grâce, ajouta-t-il, dissipe tous mes doutes ; apprends-moi pourquoi je me trompe, quand il me semble que c'est notre pauvreté qui nous met dans l'impuissance d'avoir une flotte, et de soudoyer une armée.

Mon cher Aristias, lui répondit Phocion, ces belles maximes inventées par l'avarice, et que nos Athéniens répètent aujourd'hui par habitude, tu ne les aurois pas entendues, quand nos pères vainquirent les Perses à Marathon et à Salamine. Regardant alors la tempérance, l'amour de la gloire et du travail, le courage et la discipline, comme le nerf de la guerre et de la paix, ils méprisoient l'argent, et il leur fut inutile. Ils étoient pauvres, et ils eurent une flotte nombreuse pour combattre Xerxès ; ils la construisirent de la charpente de leurs maisons ; ils ne payoient point leurs soldats citoyens, et ils eurent une nombreuse armée de héros (*).

— Non, Aristias, ce n'est point notre pauvreté qui nous empêche aujourd'hui d'avoir une flotte et une armée. N'en accusez au contraire que nos richesses, qui, en s'augmentant ont inspiré à une partie des

(*) Il nous faut payer la plupart de nos héros, parce qu'ils se privent, pour défendre leurs propriétés et les nôtres, de l'avantage de pouvoir cultiver les leurs, ou d'exercer quelque autre genre de travail et d'industrie. Mais parmi ceux qui vivent dans l'aisance, il y en a peu qui ne fassent à la Nation d sacrifices qui égalent au moins les indemnités qu'ils reçoivent d'elle.

citoyen

citoyens cette avarice basse et sordide qui n'ose jouir, et livre le reste à la volupté, qui ne sacrifiera jamais son luxe et ses plaisirs au besoin de la République. Les ressources de la vertu sont infinies; plus on les emploie, plus elles se multiplient. Quelqu'immenses que soient les richesses, elles s'épuisent. L'amour de la gloire produit des prodiges, parce qu'il remue de grandes ames; l'amour de l'argent ne produit rien que de bas, parce qu'il ne frappe que des ames basses. Si l'argent est aussi puissant que le disent les Athéniens, que n'achetons-nous un Miltiade, un Aristide, un Thémistocle, des magistrats, des citoyens et des héros?

Quand Athènes, sous la régence de Périclès, se fut enrichie des dépouilles des vaincus, et des tributs levés sur nos alliés; il y eut un instant où la République parut avoir acquis un nouveau degré de puissance et de force. Nos nouvelles richesses n'ayant pas encore eu le temps de détruire nos anciennes mœurs, nous les employâmes généreusement à construire des vaisseaux, et acheter l'amitié de quelques peuples qui commençoient à la vendre, et nous parûmes les arbitres de la Grèce. Nos magistrats, trompés par cette apparence de prospérité, crurent sans doute que les mêmes vertus qui honoroient notre pauvreté et que notre pauvreté seule soutenoit, seroient encore les économes et les dispensatrices de nos richesses. Ils pensèrent donc que la République ne pourroit jamais être trop riche; erreur grossière. L'or et l'argent, en nous rendant avares, éteignirent bientôt le sentiment de l'honneur et de la générosité, et nous livrèrent à tous les vices, en nous faisant aimer le luxe. L'argent devint alors le nerf de la guerre et de la paix, parce que les Athéniens vendirent à la patrie les services qu'elle recevoit autrefois sans salaire. A quoi nous servirent alors nos richesses dangereuses? Plus nous en acquérions, plus nos mœurs se dépravoient. Nous avions beau nous enrichir, notre cupidité étoit toujours plus grande que notre

L 2

fortune (*). Plus appauvris par nos besoins, qu'enrichis par nos rapines et nos injustices, la République fut pauvre, et éprouva tous les inconvéniens de la pauvreté, parce que ses citoyens avoient tous les vices de la richesse.

Fais rougir de leur absurdité ces Politiques insensés, qui, pour rendre quelque vigueur à la République expirante, voudroient y attirer tout l'or (8) et tout l'argent du monde entier. Les aveugles! ils entreprennent de rassasier à force

---

(*) C'est comme chez nous : voyez les traîtres qui veulent ou nous livrer à nos ennemis, ou envahir nos propriétés; la soif de l'or est pour eux une source intarissable de crimes qui les conduisent à l'échaffaud.

d'argent des passions insatiables ! Nos pères avec dix talens étoient riches ; avec deux mille nous sommes pauvres ; donnez-nous-en encore deux mille, et nous nous croirons encore plus pauvres que nous ne le sommes aujourd'hui. Nous en sommes déja venus au point de confondre le luxe et le faste des riches, avec la prospérité de la République. Leur fortune domestique qu'il faut ménager, leurs plaisirs qu'il ne faut pas troubler, voilà les objets ridicules, que la Politique, désormais impuissante, est obligée de regarder comme les vrais besoins de l'Etat. Augmentez la corruption avec nos richesses, et nos maux deviendront encore plus accablans.

La nature, mon cher Aristias, n'a point fait les hommes pour posséder des trésors. Pourquoi des riches, pourquoi des pauvres ? (*) Ne naissons-nous pas tous avec les mêmes besoins ? Elle répand ses bienfaits avec une libérale économie ; usons-en avec la même sagesse. La loi qui permet qu'il se forme de grandes fortunes dans une République, condamne une foule de misérables à languir dans l'indigence,

(*) Bientôt ce cri sublime de la justice et de la fraternité sera le cri général de la République Française : *Plus de riches, plus de pauvres ; ils sont aussi malheureux et souvent aussi pervers les uns que les autres ; soyons frères, soyons égaux, non d'une égalité absolue qui ne doit pas plus exister dans la société qu'elle n'existe dans la nature ; mais d'une égalité relative et proportionnelle.*

et la cité n'est plus qu'un repaire de tyrans et d'esclaves jaloux et ennemis les uns des autres. Essayer d'y faire germer les vertus qui font le bonheur et la force de la société, c'est le comble de la folie. Voilà cependant ce que tentent nos politiques avides d'or et d'argent ; ils jettent des semences d'avarice, de volupté, de mollesse, d'injustice, de fraude, de haîne, etc. et ils s'attendent à en voir naître la justice, la tempérance, le courage, la générosité et la concorde.

On t'a dit, Aristias, et on le répète sans cesse dans Athènes, que l'argent est nécessaire pour faire une longue guerre, ou la porter loin de son territoire ; et voilà encore ce qui prouve combien les richesses sont dangereuses. Pourquoi desirer aux hommes, qu'ils puissent étendre et perpétuer le fléau le plus redoutable de l'humanité ? Tant que la Grèce a été pauvre, les guerres de nos Républiques ont été courtes. Nous nous sommes enrichis, et nos guerres ont été assez longues pour allumer des haines éternelles, et rompre tous les liens de cette alliance qui faisoit notre sûreté au-dedans et au-dehors. Si Lycurgue avoit raison de dire aux Spartiates : *Voulez-vous être toujours libres et respectés ? Soyez toujours pauvres, et ne tentez jamais de faire des conquêtes ;* je te demande de quel utilité peuvent être ces entreprises qu'on fait loin de son territoire ?

On a des alliés, me diras-tu, que l'injustice opprime, et il faut voler à leur secours. Sans doute il faut remplir ses engagemens; mais que vos mœurs et vos besoins soient simples, et par-tout la terre vous fournira une subsistance abondante. Quels trésors avoient les Scythes, quand ils partirent de leurs forêts pour faire la conquête de l'Assyrie? Un arc, des flèches, des javelots, un grand courage, voilà tout ce qu'ils possédoient. Qu'on estime votre courage et votre discipline, et les alliés dont vous prenez la défense, ne vous laisseront manquer de rien.

Mais du moins, dit Aristias, tandis que les citoyens tempérans et laborieux aimeroient la gloire et la pauvreté, la République ne pourroit-elle pas avoir un trésor, qu'elle n'ouvriroit que dans une extrême nécessité ? Non, mon cher Aristias, repartit Phocion ; et si tu es prudent, tu n'exposeras point la vertu de tes citoyens à cette tentation. Pourquoi garder parmi nous cette boîte de Pandore ? Il ne s'agit pas de se faire illusion, et d'associer dans la théorie, des choses insociables dans la pratique. Défions-nous de tous ces trésors publics (*). C'est

---

(*) Le malheur des temps et la nécessité où nous sommes de balancer le pouvoir et les richesses des autres Etats de l'Europe, nous oblige à avoir un trésor public ; mais nos Représentans ne cessent de prendre les plus sages précautions pour empêcher que la cupi-

une chimère que d'en vouloir former un dans un état dont les mœurs sont dépravées; quelques sévères que soient les loix qui veilleront à la garde de ce dépôt, l'avarice trouvera le secret de le piller impunément. Dans une République vertueuse, des magistrats sensés ne penseront jamais que sa vertu ne lui suffise pas. S'ils imaginent un trésor public, c'est une marque que la vertu s'altère; et leur imprudence, au lieu d'affermir l'État, en sappe les fondemens. Sois sûr que

---

dité n'en abuse. Nous devons d'ailleurs observer qu'une République de vingt-six millions d'hommes ne peut pas aujourd'hui se gouverner de tout point, comme se gouvernoit il y a deux mille ans une République d'environ cent mille hommes.

les citoyens ne seront jamais contens de leur pauvreté, quand l'état amassera des richesses. J'en ferois, Aristias, une règle générale; suivant que la Politique s'occupe plus ou moins de trésors, d'argent, de richesses, la République, plus ou moins heureuse, est plus ou moins éloignée du moment de sa ruine.

CINQUIEME

CINQUIEME ET DERNIER ENTRETIEN.

Des ménagemens dont la Politique doit user, en réformant une République dont les mœurs sont corrompues. De l'usage qu'on peut faire des passions. Différentes maladies des Etats.

Quels momens heureux nous avons passés dans la maison de Phocion ! Au retour de notre promenade sur les bords du Céphise tant célébré par nos poëtes, nous prîmes un repas frugal; pendant lequel nous nous entretînmes avec gaîté. Les festins du grand roi ne valent pas, mon cher Cléophane, les légumes apprêtés sans art par la femme de Phocion. Il plaisanta agréablement sur le luxe de sa table, qu'il comparoit au brouet noir des Spartiates. Quand Aristias, dit-il, sera un peu plus apprivoisé avec la philosophie, je le traiterai véritablement à la Lacédémonienne. Pour aujourd'hui, il faut encore le ménager; il pourroit trouver très-mauvais ce que Lycurgue auroit trouvé très-bon. Après que Phocion eut fait une espèce de libation aux Dieux tutélaires d'Athènes, et à ses Dieux domestiques, nous passâmes dans son jardin. Je vois ton impatience, dit-il à Aristias, asseyons-nous un moment à l'ombre de ce figuier, avant que de partir pour Athènes; et puisque tu le veux, nous reprendrons notre morale et notre politique.

Mon cher Aristias, continua-t-il, tu ne voulois d'abord que connaître les remèdes qu'on peut appliquer aux maux présens de notre République, et t'instruire des ressources que notre situation même nous présente encore pour en sortir; et cependant j'ai eu la cruauté de ne t'entretenir que des principes fondamentaux de la Potitique. Ne crois pas que j'aie voulu te faire un étalage orgueilleux de philosophie. Si je ne me trompe, il t'est aisé de sentir que sans le secours de ces premières vérités, qui doivent servir de règle immuable à l'homme d'Etat (*) dans

(*) Mably emploie le mot *homme d'Etat*

chacune de ses opérations, jamais je n'aurois pu te rien dire qui eût satisfait ta raison. Je me serois égaré, et je t'aurois égaré à ma suite. Nous n'aurions corrigé une sottise que par une autre sottise; nous aurions imaginé des ressources, des expédiens; et la vraie science de la Politique est de n'en avoir pas besoin. Je t'aurois proposé au hasard des palliatifs souvent inutiles, et même capables d'irriter le mal que nous aurions voulu soulager.

Si j'ai réussi à te convaincre

---

dans sa véritable acception. Ce mot doit signifier un Politique juste et incorruptible, un vrai Républicain, et non un scélérat diplomatiste, digne d'être admis dans les cabinets de Vienne, de Pétersbourg, etc. Nous rejetterons toujours avec horreur de tels hommes d'Etat.

de cette grande vérité, que la Providence a établi une telle liaison entre la Morale et la Politique, que le bonheur des Etats est attaché à la pratique des vertus, et que leur ruine commence toujours par quelque vice, il te sera désormais facile de ne tomber dans aucune des fautes que plusieurs grands hommes ont commises. Tu as une pierre de touche pour juger de la bonté de tes opérations. Tu te garderas bien d'imiter Thémistocle, qui, pour rendre Athènes maîtresse de la Grèce et de la mer, proposa de brûler la flotte des Grecs qui hivernoit dans le port de Pégases. Aristide jugea que rien n'étoit plus utile aux Athéniens que ce projet, mais que rien en même temps n'étoit plus injuste. Toi, Aristias, tu seras actuellement plus sage que le juste Aristide même; et n'admettant aucune distinction entre l'utile et le juste, le nuisible et l'injuste, tu jugeras que rien ne pouvoit être plus pernicieux aux Athéniens que l'entreprise injuste de Thémistocle. C'étoit acheter un avantage passager, en nous rendant pour tojours odieux à la Grèce entière. Qui auroit osé compter sur nous après une pareille perfidie! Qui n'auroit pas détesté notre alliance, et méprisé nos sermens! Les Grecs réunis auroient conjuré notre perte, et, pour se venger, ils n'auroient pas craint d'implorer le secours de la Perse même, et de lui demander des vaisseaux.

Le décret qu'on propose au

peuple, est-il propre à lui faire aimer quelque vertu, ou à le détacher de quelque vice ? Favorise cette loi de toutes tes forces, tu es sûr de servir utilement ta patrie. Tu condamneras Agésilas, qui voyant qu'un grand nombre de citoyens avoit fui à la bataille de Leuctre, et que la République avoit besoin de soldats, fut d'avis de laisser pour cette fois sans exécution la loi qui notoit d'infamie (1) les poltrons. Qu'espéroit-il d'une armée de fuyards ? La lâcheté avoit fait tout le mal ; il falloit donc être plus attaché que jamais à la rigueur des anciennes loix qui avoient rendu jusqu'alors les Spartiates invincibles. Favoriser les fuyards, c'étoit ne pas réparer la défaite de Leuctre, et préparer cependant de nouvelles disgraces à Lacédémone.

Après les réflexions que nous avons faites jusqu'à présent, tu peux sans peine, mon cher Aristias, te faire une règle pour juger de l'importance des loix. Celles qui sont les plus propres à tempérer nos passions, et régler les mœurs publiques, sont aussi les plus nécessaires, et doivent être les plus sacrées. Dans aucun temps, dans aucune circonstance, sous aucun prétexte, il n'est permis de les négliger. Je serois bien plus effrayé de voir prendre aux femmes de nouvelles parures, et affecter de nouvelles graces, que je ne le serois de quelque commotion dans la place publique, ou de l'ambition d'un magistrat qui voudroit s'élever au-dessus de ses collègues. Quand les loix des mœurs subsistent, toutes les autres sont en sûreté ; mais leur décadence entraîne nécessairement la ruine du Gouvernement.

Quoique tout vice soit pernicieux, comme toute vertu est utile, il faut, lorsqu'on médite la réforme d'une République corrompue, ne pas s'abandonner à un zèle aveugle. Il faut procéder avec une certaine méthode. De même qu'il y a des vertus fécondes qui se prêtent un secours mutuel, et que la politique doit principalement cultiver dans une République qui les possède encore ; il y a aussi des vices féconds, et qui servent, pour ainsi dire, de matrice et de foyer à la corruption ; et c'est à les proscrire que la politique doit d'abord travailler dans une République corrompue.

A leur tête est ce vice dont je ne sais pas le nom, monstre à deux corps, composé d'avarice et de prodigalité, qui ne se lasse jamais, ni d'acquérir, ni de dissiper, et dont les besoins toujours renaissans, et toujours insatiables, ne se refusent à aucune injustice. S'il est faible, et ne se montre encore qu'avec quelque retenue, réunissons toutes nos forces, et osons l'attaquer avec courage. Poursuivons-le jusques dans ses derniers retranchemens: s'il ne succombe pas, nous n'avons rien fait. Quelle erreur à quelques Républiques de proscrire le luxe dans le public, et de le tolérer dans le sein des familles ; d'inviter à la modestie des mœurs par des loix somptuaires ; et de les altérer par la pompe des fêtes publiques !

Si ce vice, après avoir corrompu le corps entier des citoyens, règne avec autant d'effronterie que d'empire, nous ne ferions que l'irriter, et lui préparer une nouvelle victoire en l'attaquant de front. Rusons alors avec lui, tendons-lui des piéges, agissons avec la prudence d'un Général, qui n'osant livrer bataille à une armée dont il sent la supériorité, l'observe, la gêne dans ses opérations, lui coupe les vivres, et tâche en un mot de la fatiguer et de la ruiner sans rien hasarder. Ce vice monstreux dont je te parle, en produit mille autres qui sont autant d'alliés ;

d'auxiliaires, et, pour ainsi dire, de gardes qui veillent à sa sûreté. C'est sur eux que doit tomber ton principal effort. Epie les circonstances favorables à ton entreprise. Tantôt tu noteras d'une flétrissure la mollesse ou la prodigalité, tantôt tu aviliras le luxe, et peut-être parviendras-tu un jour à faire des réglemens qui, donnant des bornes à l'industrie et à l'avarice, feront disparaître dans la fortune des citoyens cette disproportion énorme qui les corrompt tous également, quoique par des vices différens.

En suivant, mon cher Aristias, dans la culture des vertus, l'ordre que je t'ai indiqué, tu verras tomber les vices les plus pernicieux à la société; car rien n'est plus opposé à l'avarice

rice prodigue que la tempérance. L'amour du travail détruira la paresse; l'amour de la gloire et la crainte des Dieux anéantiront cet instinct bas et grossier, qui empêche tout citoyen vicieux de chercher son bonheur particulier dans le bonheur public.

Mais, il faut l'avouer, il y a des temps où par sagesse même il faut renoncer à cette méthode. C'est la vertu dont un peuple est le moins éloigné, et non pas la vertu par elle-même la plus importante ou la plus avantageuse à la société, que la Politique doit alors encourager. Par exemple, Aristias, nous avons aujourd'hui une loi qui applique à des représentations de comédies les fonds destinés autrefois à la guerre, et il est défendu, sous peine de mort, d'en demander la révocation. Il n'y a de louanges à Athènes que pour des décorateurs de théâtre, des comédiens et des joueurs de flûte ; des femmes désœuvrées et frivoles ont communiqué leur désœuvrement et leur frivolité à nos jeunes gens ; nos magistrats et leurs courtisanes font un trafic public du pouvoir de la magistrature ; ils voient d'un œil indifférent, et peut-être avec joie, les maux de la patrie, dont ils profitent ; le peuple jaloux et fatigué de son oisiveté, ne peut vivre que des gratifications que lui prodigue l'Etat ; il regarderoit un magistrat honnête homme et éclairé comme un tyr [illegible] et ne se croyant libre, qu'autant qu'il a la licence de tout faire impunément, on le voit dans les élections cabaler contre le mérite, en faveur de l'ineptie qui ne se fait pas craindre. Nous ressemblons tous à cet Athénien qui donna sa voix pour condamner Aristide à l'ostracisme, parce qu'il étoit las de l'entendre toujours appeler le juste Aristide. Crois-tu que dans de pareilles circonstances, il fallût révéler aux Athéniens les vérités que j'ai mises sous tes yeux? Les gens mêmes qui gémissent de nos désordres, et desirent encore le bien parmi nous, seroient effrayés de l'espace immense qu'ils auroient à franchir; et tomberoient dans le découragement. Les mauvais citoyens, à la vue de la sagesse qu'on leur proposeroit, croiroient qu'en voulant les priver de leurs vices, on leur arracheroit leur bonheur (*).

Ce que je t'ai dit d'après tous les sages de l'antiquité, me feroit passer pour un (2) insensé auprès des uns, et pour un perturbateur du repos public auprès des autres; et quelle espérance, mon cher Aristias, aurois-je alors de réussir? Toute réforme demande donc à être conduite avec une extrême circonspection, et cette circonspection elle-même semble être un nouveau châtiment dont l'Auteur de la nature punit

(*) Comme nous ressemblons encore à cet affligeant tableau! Mais consolez-vous, citoyens, nous n'y ressemblerons plus longtemps; nos mœurs vont se régénérer.

nos vices, et par lequel il nous avertit d'être en garde contre une corruption à laquelle il est si difficile de remédier.

Pour détruire des préjugés, il faut quelquefois pousser la condescendance jusqu'à paraître les adopter. Pour ruiner un vice, il faut feindre quelquefois d'en favoriser un autre. Mais je t'entretiens trop longtemps des ménagemens dont la Politique doit alors user; grâce à notre corruption, nous n'avons rien à craindre d'un zèle immodéré pour la vertu. Puisque toute vertu est utile; puisqu'il n'y a point de vertu qui ne prépare notre cœur à en recevoir une seconde; essaie à différentes reprises, et sans te lasser, les dispositions de tes citoyens. Après un premier succès, n'en perds pas le fruit, en négligeant d'en avoir un second. Tâche de réveiller dans les cœurs quelque étincelle de l'amour de la gloire ; c'est la seule de toutes les vertus qui, par le secours de la vanité, peut encore se montrer au milieu d'une extrême corruption. Tous tes efforts seront-ils vains? Il reste une dernière ressource à la politique ; c'est de se servir des passions mêmes pour affaiblir peu à peu, et ruiner leur empire.

A ces mots, mon cher Cléophane, notre nouvel initié aux secrets de la sagesse, ne put s'empêcher de sourire en me regardant. Les passions, dit-il, sont donc quelquefois utiles? Oui, mon cher Aristias, lui répartit Phocion, comme ces poisons que la médecine convertit quelquefois en remèdes. N'importe, reprit Aristias; et de tous les moyens de corriger un peuple vicieux, je soupçonne que le plus désagréable n'est pas celui d'employer nos passions. Je lisois hier, continua-t-il, la *République* de Platon; il ne dédaigne pas de regarder les plaisirs de l'amour comme un ressort (3) dont la Politique doit se servir pour animer le courage, et le porter aux actions héroïques. Puisqu'il peut être l'aiguillon et le prix de la valeur, tu veux sans doute, Phocion, que dirigé par une main habile, il contribue à rendre plus aisée la pratique de toutes les vertus les plus nécessaires à la société!

Point du tout, répondit Phocion en souriant, et de ton empressement à vouloir deviner ma pensée, je conclus, mon cher Aristias, que tu n'es plus le maître de ton cœur. Quelle autorité, poursuivit Phocion, viens-tu de me citer ? Platon, l'élève, l'ami de Socrate, le confident de ses pensées ! oserois-je ne pas me soumettre à son sentiment, s'il ne m'avoit appris lui-même dans son école, que l'homme le plus sage paie toujours quelque tribut à l'humanité, et que notre raison ne doit se soumettre qu'à la vérité ?

Je le vois, mon cher Aristias, tu voudrois que la plus belle femme fût la récompense de l'homme le plus brave, le plus juste et le plus prudent,

Mais fais attention combien une pareille loi donneroit de force à une passion déja trop impérieuse, trop ennemie de l'ordre, et qu'on ne sauroit trop réprimer. Le premier soin de tous les législateurs n'a-t-il pas été de donner des règles à l'amour? Et de-là sont nées chez tous les peuples les loix saintes du mariage. Quoique Platon voulût que les femmes fussent communes dans sa République, combien cependant n'a-t-il pas mis de mœurs et d'honnêteté dans cette espèce de débauche? Son objet même n'est-il pas de dégager le cœur de toute affection particulière, pour l'attacher plus étroitement à l'Etat? Sans doute que nos pères n'y entendoient rien de ne pas connaître le grand mérite de la prostitution. Ils étoient bien grossiers et bien aveugles! Puisque, malgré leurs bonnes mœurs, ils n'ont pas laissé de faire d'assez belles choses à Marathon, à Salamine, à Platée, j'ai regret que Thémistocle et Pausanias n'aient pas fait publier à la tête de leurs armées, qu'au lieu des récompenses insipides dont on honoroit parmi nous la valeur, le plus brave des Grecs auroit le privilège d'enlever à son gré la plus belle des Grecques! Que tardons-nous à proposer cet admirable expédient? nos soldats préparés par des idées de galanterie et de débauche à être laborieux, infatigables, disciplinés, obéissans, triompheroient bien aisément des soldats de Philippe qui a la sottise de vouloir qu'il y ait des mœurs dans son camp.

Pour nos aréopagîtes et nos sénateurs, il est évident qu'en leur donnant, à proportion de leur mérite, quelque droit sur la pudeur des femmes, ce seroit un moyen infaillible de les rappeler à cette intégrité majestueuse qui doit former le caractère des magistrats. Sans doute que le temps qu'ils emploient aujourd'hui à corrompre et séduire de jeunes beautés, seroit désormais consacré au service de la République, et qu'une sage émulation.... Mais parlons sérieusement, mon cher Aristias; est-il possible qu'on connaisse assez peu les effets de la volupté, qui amollit le cœur, et énerve l'esprit et le corps, pour vouloir en faire le principe de la prudence et de la magnanimité? Ne sait-on pas combien les plaisirs qui tiennent à nos sens, sont inconstans, combien ils rassasient et lassent? Il y a un âge où ils sont inconnus, et un autre où ils seroient laborieux; et dans l'intervalle de ces deux âges, l'amour est une ivresse qui trouble presque continuellement la raison.

C'est par les passions qui tiennent immédiatement à nos sens, que nous sommes rabaissés à la condition des animaux; elles ne peuvent donc jamais être honorées par des êtres intelligens, et on ne les rend honnêtes qu'en les soumettant aux loix de la raison. J'excuse la jeunesse qui s'égare, chaque âge

âge a malheureusement ses infirmités ; mais je veux qu'au lieu de s'applaudir au milieu de ses erreurs, et de vouloir les ennoblir, elle ait le courage de les désapprouver. Je veux que la raison conserve sa liberté, et que mettant de l'honnêteté jusques dans les choses déshonnêtes, elle rougisse des besoins des sens.

Je n'ignore pas que l'espérance des voluptés a quelquefois produit de grandes choses. Je sais que les Scythes conquirent autrefois l'Assyrie pour avoir des palais somptueux, des liqueurs délicieuses et des femmes parfumées ; et je ne suis pas étonné que ces passions brutales aient donné à un peuple encore sauvage de la valeur et de l'audace. Mais les mêmes espérances auroient-elles donné les mêmes qualités à un peuple déja amolli par les plaisirs? Remarquez d'ailleurs, Aristias, que dès le moment où ces passions commencèrent à jouir du prix de leur victoire, les Scythes courageux devinrent aussi mous, aussi lâches que les peuples qu'ils avoient vaincus, et que ces passions ne leur donnèrent aucune des vertus qui font le citoyen. L'amour des voluptés en fit, si tu veux, des héros; la jouissance de ces mêmes voluptés en fit des hommes incapables de conserver leurs conquêtes. Chassés ou égorgés par leurs esclaves, leur empire dura à peine six Olimpiades.

Le bien passager que ces passions peuvent produire, est trop douteux et trop court; le mal qui les suit est trop certain et trop durable, pour que la politique doive jamais en faire usage. Je ne te citerai que l'exemple de Cyrus. Ce prince régnoit sur un peuple tempérant, sobre, actif, laborieux. Les vices qui depuis long-temps avoient inondé l'Asie, sembloient avoir respecté la petite province qui portoit alors le nom de Perse. Cyrus ne connut point son bonheur. Trompé par une malheureuse ambition, ou ne sachant peut-être pas que ce n'est ni l'étendue des domaines, ni le nombre des provinces qui font la grandeur du prince et la sûreté de sa nation, il voulut avoir la gloire d'être le fondateur d'une puissante monarchie. Il présenta à ses sujets les richesses ;

l'abondance et les voluptés des royaumes voisins, comme le prix de leur courage et de leurs conquêtes. Tout fut vaincu; mais à peine Cyrus eut-il soumis l'Asie, que la récompense qu'il avoit accordée à la valeur de ses soldats l'éteignit. Il vit les Perses, autrefois vertueux et pleins d'amour pour la gloire, s'efféminer et languir dans la mollesse. *Si nous ne songeons*, leur dit-il alors, *qu'à accumuler richesses sur richesses, si nous nous livrons témérairement aux voluptés, et pensons que l'oisiveté et la paresse doivent être le prix de nos travaux, et peuvent nous rendre heureux, nous ne tarderons pas à perdre ce que nous avons acquis*. L'avis de Cyrus étoit sans doute très-sage, mais le emps étoit arrivé où il devoit être puni de son ambition, et des moyens imprudens qu'il avoit employés pour la satisfaire. Ses sujets, corrompus d'abord par l'espérance, et ensuite par la jouissance même des voluptés, n'étoient plus en état de l'entendre. Il fit des efforts inutiles pour les rappeler à leur ancienne vertu ; et au lieu de ce titre de fondateur d'une monarchie puissante et florissante qu'il croyoit mériter, il vit avec chagrin qu'il n'avoit été que le corrupteur des Perses, et ne laissoit à ses successeurs qu'un empire bien moins solidement affermi que celui qu'il avoit reçu de ses pères.

Ce sont les passions de l'ame dont la Politique peut se servir ; parce qu'elles naissent avec nous, ne meurent qu'avec nous, ne se lassent point, et qu'on peut en quelque sorte leur donner la teinture de la vertu (*). Telles sont l'envie, la jalousie, l'ambition, l'orgueil, la vanité. Ces passions sont hideuses par leur nature ; elles préparent l'ame à être injuste, et abandonnées à elles-mêmes, elles se portent aux excès les plus odieux. Cependant elles deviennent quelque-

(*) Observons bien la différence des passions de l'ame à celles des sens dont il est parlé plus haut, *page 156*. Quels avantages ces dernières pourroient-elles produire ? Il faut néanmoins en excepter l'amour, qui, lorsqu'il est séparé des affections uniquement animales, n'appartient plus aux sens, et peut nous conduire aux vertus.

is entre les mains de la Politique, émulation, amour de la gloire, prudence, fermeté, héroïsme; mais pour voir opérer ces miracles, il faut que les citoyens ne soient pas entièrement corrompus par l'avarice, la paresse, la volupté et les autres vices qui avilissent l'ame. Crains, mon cher Aristias, de hâter la ruine de la République, en te servant de ces passions, si tu ne trouves auparavant l'art de leur inspirer une sorte de pudeur, et de les associer à quelque vertu qui les tempère et les dirige.

Un médecin habile n'applique pas le même remède à tous les maux. Le pilote d'un vaisseau déploie ou resserre tour-à-tour ses voiles. Tantôt il fuit la côte, tantôt il s'en approche.

Là il jette l'ancre, ici il marche la sonde à la main, ailleurs il s'abandonne aux vents. De même l'homme d'état conforme toujours sa conduite à la différence des situations où il se trouve. Il sonde les plaies de sa République, plus attentif à la malignité des symptômes de chaque maladie, qu'aux accidens plus ou moins violens qu'elle produit ; il désespère quelquefois du salut de la patrie, quand les citoyens sont encore dans la plus parfaite sécurité.

Les maladies, qui au premier coup d'œil paraissent les plus effrayantes, ne sont pas toujours les plus dangereuses. Quand on voit un état divisé par des partis, des cabales, des factions, l'imagination en est ordinaiement alarmée ; on croit qu'il ouche au moment de sa ruine ; n croit que les citoyens vont rendre les armes et s'égorger, u que leur ville va devenir la roie de quelque ennemi étran-er. Mais ne crains rien, si les itoyens ont des mœurs, s'ils iment la tempérance, le tra-ail et la gloire, s'ils craignent es Dieux, sois sûr que la jus-ice leur est encore chère, que eurs passions seront prudentes t que la République est en-ore assise sur de solides fon-emens. Des hommes qui ne ont pas abandonnés à des vices grossiers, ne se porteront point aux dernières extrémités. Leur ville ne leur servira point de champ de bataille, quoiqu'ils paraissent furieux. Ils sont en-nemis, mais citoyens, et ils se réuniront pour agir de concert, si un étranger ose les attaquer; tu dois même être convaincu qu'ils se lasseront à la fin de leurs désordres, et y chercheront eux-mêmes un remède.

Tel a été le sort de nos pères, vertueux comme par instinct, avant que d'avoir su établir parmi eux des loix propres à contenir les citoyens dans les bornes de la subordination, et affermir l'autorité des magistrats, sans qu'ils en pussent abuser; les habitans de la ville, de la côte et de la montagne paraissoient tous les jours prêts à en venir aux mains pour décider à qui appartiendroit la puissance (4) souveraine, et jamais cependant la place publique ne fut souillée de leur sang. Nos pères se lassèrent à la fin de cette situation, et tant les haines étoient alors honnêtes et généreuses, chaque parti sacrifia ses espérances et son ressentiment au bien public. On convint de demander des loix à Solon, et on promit d'y obéir. Qu'il étoit facile alors d'appliquer un remède efficace aux maux de la République ! Si notre législateur, d'un caractère trop foible, et dont les lumières étoient bornées, eût été un Lycurgue, nous serions aujourd'hui heureux ; et la Grèce dont nous n'aurions pas troublé la paix et l'union, seroit florissante.

En voyant passer nos pères sous le joug de Pisistrate, on auroit eu tort de désespérer de la République. Des mœurs austères et mâles devoient servir de ressource contre la ty rannie. Le mal étoit grand mais les esprits étoient capable de supporter un plus grand re mède. Le courage vertueux de Athéniens s'indigna de la ser vitude. La République, dont toutes les parties étoient saines, en faisant un effort pour chas ser le tyran, rompit aiséme ses chaînes, et reparut plu libre que jamais. L'amour de l patrie prit une nouvelle force et nos pères firent des prodiges de valeur et de magnanimité.

Je ne me lasserai point d te le redire, mon cher Aristias; la Politique juge les maladi par les mœurs, comme la mé decine par le pouls. Quoiqu Pisistrate fût un tyran tel qu le donnent les Dieux dans le colère, cest-à-dire, qu'il crai gni gnît de se rendre odieux par des violences, qu'il déguisât avec adresse le joug qu'il vouloit imposer, qu'il agît avec une feinte douceur, et se cachât sous le masque de la justice et du bien public, il ne pût ni tromper ni lasser la fermeté et le courage de notre République. Quoique les trente tyrans auxquels Lysander nous condamna d'obéir, fussent au contraire des monstres odieux, quoiqu'aucun droit ne fût sacré pour eux, quoiqu'ils répandissent des torrens de sang, quoiqu'en un mot leurs excès abominables dussent porter nos pères au désespoir, et leur inspirer quelque vertu, Athènes opprimée et malheureuse ne sut que pleurer et trembler. C'est qu'alors, Aristide, nous n'avions plus de mœurs ; c'est que Périclès nous avoit amollis par l'oisiveté, la paresse, et l'usage des plaisirs ; c'est que chaque citoyen, accablé dans sa maison d'une foule de besoins inutiles, n'avoit plus de patrie.

Il fallut que Trasibule exilé, proscrit, fugitif, vînt briser nos chaînes ; mais n'ayant pas conjuré contre nos vices comme contre nos tyrans, nous fûmes incapables de profiter de la révolution que son courage avoit produite. Que nous servoit de reprendre notre ancien gouvernement, quand nos mœurs corrompues en avoient relâché et rompu tous les ressorts? O Trasibule ! que ta gloire seroit grande, si par un second bienfait tu avois mis ta patrie à portée de profiter du premier !

Il falloit armer ton bras contre nos vices, et nous arracher à nos voluptés, pour nous rendre dignes d'être libres.

Le dernier terme des maux d'une République, c'est, poursuivit Phocion, quand les citoyens sont familiarisés avec la honte, et que, couverts tranquillement d'ignominie, la gloire ne leur paraît qu'une vaine chimère. Une philosophie criminelle fait-elle regarder en pitié un héros et même un simple honnête homme? Compte, mon cher Aristias, que tout est perdu. La République ne sera pas agitée par des commotions violentes, parce qu'on n'y a même plus de ces vices qui supposent une sorte de force et d'élévation dans l'ame; crains ce calme perfide. La vérité n'est plus dans les cœurs, le mensonge est dans toutes les bouches, Un vil intérêt n'est pas seulement la règle des actions des citoyens, il est même l'ame de leurs pensées. Tu verras les magistrats se tendre mutuellement des pièges. Tu verras l'ambitieux ne travailler qu'à décrier son concurrent par des calomnies, vouloir perdre ses rivaux, mais ne pas se donner la peine de valoir mieux qu'eux. En un mot, les vices les plus bas ont jeté les esprits dans une léthargie mortelle, qui ne laisse aucune espérance de salut.

A ces mots, mon cher Cléophane, qui nous présentoient un tableau de notre situation présente, nous tombâmes, Aristide et moi, dans une profonde consternation; nous crûmes entendre prononcer un arrêt de mort contre notre patrie. Je frémissois en me voyant dans un abîme sans issue, et d'où je ne pouvois me faire entendre ni des Dieux ni des hommes. Phocion lui-même, comme effrayé de la peinture trop fidèle qu'il avoit faite de nos vices, avoit interrompu son discours; et laissant tomber ses regards à ses pieds, après les avoir élevés au ciel, paraissoit plongé dans une rêverie lugubre. Mille idées accablantes s'offroient avec rapidité à mon esprit. Nous sommes perdus, me disois-je! O Athènes, ma chère Patrie, tu cours toi-même à ta ruine! Quelle main assez puissante te retiendra sur le penchant du précipice qui est ouvert sous les pas ? Minerve, viens à notre secours. Non, c'en est fait, les Dieux sont sourds ; nous avons lassé leur patience.

O Phocion ! Phocion, s'écria Aristias, toucherions-nous irrévocablement à notre terme fatal ? Les Dieux ont-ils ordonné qu'il n'y ait plus d'Athènes ? Une ville toute pleine des monumens élevés à la gloire de nos pères, une ville qui possède encore Phocion, seroit-elle condamnée à n'être plus qu'un amas de ruines, ou à ne nourrir dans son sein que des esclaves faits pour obéir à des étrangers ? Nos vices sont grands, ils sont énormes ; mais la clémence des Dieux n'est-elle pas infinie ? Nous puniroient-ils jusqu'à vouloir que Philippe ? . . . Non, Phocion non, les Dieux ne le voudront pas. Les Athéniens ont-ils plus de vices et d'erreurs que je n'en avois il y a six jours ? Pourquoi ne feroient-ils pas, comme moi, un retour sur eux-mêmes ? Après avoir rappelé dans mon cœur l'amour de la vertu, au nom des Dieux, Phocion, au nom de notre chère patrie, rappelles-y encore l'espérance.

Aristias, répondit tristement Phocion, ce seroit te flatter ; ce seroit te donner cette sécurité, l'aveugle qui n'est déja que trop commune dans Athènes, et dont les Dieux frappent les Républiques qu'ils veulent perdre sans retour. Quand un tyran s'élèveroit parmi nous, et voudroit, en nous foulant aux pieds, qu'il n'y eût d'or, d'argent, de luxe et de voluptés que pour lui, nos ames, mollement effarouchées par la perte même de nos plaisirs, ne reprendroient pas assez de vigueur pour sortir de leur léthargie. Il n'est plus temps d'espérer, si un Lycurgue (5) ne nous fait une sainte violence, et ne nous arrache par force à nos vices.

Je voudrois, mon cher Cléophane, que tu eusse été témoin des sentimens que le discours de Phocion faisoit naître dans le cœur d'Aristias. Je voyois avec plaisir que ses yeux s'enflammoient; tour-à-tour il les élevoit au ciel et les portoit sur Phocion. Ses pensées se présentoient en désordre à son esprit, et il ne parloit que par paroles entrecoupées. Que ne puis-je l...

O Lycurgue !... Je tenterois... J'oserois..... Le salut de la patrie n'est pas encore désespéré.....Toi, Phocion, ajouta-t-il en lui baisant avec tendresse les mains, par pitié pour tes malheureux concitoyens, empêche-les de périr. Sois notre Lycurgue. Pourquoi ne ferois-tu pas aujourd'hui dans Athènes, le miracle qu'il fit autrefois dans Lacédémone ? Ce Législateur, à qui la Grèce a dû six siècles de prospérité, l'honorerions-nous aujourd'hui comme le plus sage des hommes, s'il n'avoit eu le courage de faire violence aux Lacédémoniens en faveur de la justice et des bonnes mœurs ? Conjure, à son exemple, le salut d'Athènes. La vertu n'est pas encore éteinte dans tous les cœurs.

Parle ; que faut-il faire ? L'amitié de Nicoclès te secondera ; je ne craindrai aucun danger. Tu trouveras encore, comme Lycurgue, trente citoyens capables de te suivre et de te soutenir : mais je ne t'ébranle pas. Ton respect pour des loix qui n'existent plus, te retient-il ? Crains-tu d'usurper un droit ?...

Non, non, mon cher Aristias, lui répondit Phocion, je le sais, on n'est point un tyran, quand on n'usurpe une autorité courte et passagère, que pour rétablir et affermir la liberté publique. Quand la loi règne, tout citoyen doit obéir ; mais quand, par sa ruine, la Société est dissoute, tout citoyen devient magistrat ; il est revêtu de tout le pouvoir que lui donne la justice, et le salut de la

République doit être sa suprême loi. Trasibule mérita une gloire immortelle pour nous avoir affranchis du joug de trente tyrans. N'en doute pas, on lui seroit supérieur en nous délivrant de la tyrannie de cent passions bien plus cruelles que Critias.

Mais tu ne connais pas encore tous nos maux. En te parlant des différentes maladies dont une République est affectée, je ne t'ai pas encore dit, mon cher Aristias, que des circonstances, en quelque sorte étrangères à cette République, peuvent rendre sa situation beaucoup plus déplorable; elle peut avoir à craindre à la fois ses vices et ceux de ses voisins. Ce qui redouble en effet mes alarmes pour notre patrie, c'est que je vois toutes les villes de la Grèce méditer leur ruine mutuelle, tandis que nous avons à nos portes un ennemi ambitieux et redoutable, qui n'attend qu'un prétexte pour prendre part à nos affaires, et nous accabler. Craignons de servir son ambition, en voulant sauver notre République. Une révolution telle que celle que Lycurgue fit autrefois à Lacédémone, ne peut s'exécuter sans causer une extrême agitation dans les esprits. A l'aproche des bonnes mœurs, quelle résistance ne feroient pas nos citoyens corrompus ? Enhardis par la protection de nos voisins jaloux et inquiets, tu les verrois crier à la tyrannie, et porter leurs plaintes dans toute la Grèce et la Macédoine. Philippe, sous prétexte

prétexte de protéger une partie des citoyens, et de nous rendre la paix, se porteroit dans l'Attique. Ses pensionnaires, ses amis et les ennemis de la vertu lui ouvriroient nos portes, et il ne manqueroit pas de favoriser le parti de l'injustice et des mauvaises mœurs, pour se rendre nécessaire, et jeter les fondemens de sa domination sur Athènes.

Faibles et corrompus au-dedans, menacés au-dehors, nous devons nous faire une politique convenable à notre situation; elle est telle qu'un remède trop actif causeroit nécessairement notre perte. Il faut d'autres temps, d'autres circonstances pour nous corriger, et je prie les Dieux de les amener. Ils les amèneront;

Aristias ; cette puissance Macédonienne qui nous effraye, ne porte que sur une base fragile. En attendant que la Macédoine rentre dans l'obscurité d'où Philippe l'a retirée, ne songeons qu'à notre conservation. Contentons-nous de ne pas périr. Au défaut de toute autre vertu, ayons au moins de la modestie et de la prudence. Que je crains l'éloquence emportée de Démosthène ! S'il nous retiroit par malheur de notre assoupissement, s'il nous portoit, dans un moment d'ivresse ou d'indignation, à déclarer la guerre à la Macédoine, nous serions perdus. Les efforts inutiles qu'il a faits pour réveiller en nous quelque sentiment de vertu, ne devroient-ils pas l'avoir convaincu que nous ne pouvons avoir qu'un accès de colère, et que nous ne sommes pas même assez heureux pour conserver long-temps cette passion? Tout ce qui demande du courage, de la prudence et quelque retenue, seroit téméraire pour nous.

C'est le propre des passions de se montrer et d'agir quelquefois avec une espèce d'enthousiasme. Les poltrons, les avares, etc. ont des momens de courage et de prodigalité ; mais il faut s'en défier. Plus une passion sort avec violence de son caractère, plus elle est prête à y rentrer. Pour compter sur nos passions, il faut qu'éteintes et rallumées à plusieurs reprises, elles aient laissé à notre ame le temps de contracter des habitudes. Des habitudes nouvelles sont fragiles, des épreuves médiocres et souvent répétées les fortifient ; mais de trop grands obstacles les détruisent. Je conclus de là que dans ce moment nous ne pouvons même tirer aucun secours de nos passions. La fortune, dit-on, peut nous être favorable ; mais il n'appartient qu'à une République vertueuse d'espérer des hasards heureux, et de savoir profiter des faveurs de la fortune. Je le dis sans cesse aux Athéniens, vous n'êtes plus ce peuple qui triompha autrefois des forces de l'Asie. Je m'oppose sans cesse à la politique téméraire de Démosthène; je conseille la paix, parce que la guerre causeroit notre ruine. Connaissons nos forces, ou plutôt notre faiblesse ; et puisque nous ne sommes pas les plus forts, ayons du moins la prudence d'être amis de ceux qui le sont.

Phocion se tut après avoir prononcé ces dernières paroles d'un ton plus bas que le reste de son discours; il s'arrêta un moment, en attachant ses regards sur Athènes dont nous approchions, et ses yeux se remplirent de larmes. Mon cher Cléophane, que les pleurs d'un grand homme sont éloquens! Tu es jeune, Aristias, reprit Phocion, et veuillent les Dieux que tu ne sois pas témoin des malheurs qui menacent notre patrie! Quel que soit l'avenir, arme-toi d'une sage constance, n'abandonne jamais la République; sers-la dès aujourd'hui, en donnant l'exemple des bonnes mœurs à une jeunesse effrénée, qui devroit faire l'espérance de la patrie, et qui en fait le désespoir. Si un jour tes conseils sont écoutés, si tu prends un jour en main le gouvernail de ce vaisseau qui fait eau de toute part, ne songe à t'éloigner du port, ne t'expose en pleine mer, qu'après t'être radoubé. Si les Dieux ramènent des circonstances plus heureuses, si nous n'avons plus à craindre que nous-mêmes, si nous nous lassons enfin de nos vices, si le ciel permet qu'un jour tu puisses être le Lycurgue d'Athènes, rappelle-toi, mon cher Aristias, les conseils que te donne mon amitié.

Aie toujours devant les yeux que sans les mœurs, les loix

sont inutiles ; on n'y obéira pas. N'oublie jamais que ce sont les vertus domestiques qui font les mœurs publiques. Sois persuadé que la vertu seule peut rendre un Etat constamment heureux et florissant. L'ambition, l'injustice, l'intrigue, l'artifice, les richesses, la force, la violence peuvent procurer quelque succès ; mais il est passager, et les suites en sont toujours funestes. En partant de ces principes, tu éprouveras, mon cher Aristias, que la Politique est une science sûre et facile. Si tu les abandonne, tu verras les obstacles renaître sans cesse les uns des autres. Quand la Politique est occupée au dedans continuellement, tantôt un vice et tantôt un autre, qu'il faut [illegible] le citoyen ou le gouverne par la crainte, n'est-il pas impossible qu'elle puisse suffire aux besoins de la société? Si au-dehors elle est obligée de justifier une première violence par une seconde, de cacher une fourberie par une nouvelle fraude, de réparer un mensonge par un mensonge, un Dieu pourroit à peine débrouiller le chaos dans lequel elle se trouve bientôt enveloppée. N'oublie rien; tente tout pour corriger la République de ses vices; ne perds pas un instant, le péril est pressant si quelqu'un de tes ennemis a déja commencé à prendre l'habitude de quelque vertu. J'ai tremblé pour la Grèce; jai été plus inquiet que jamais sur le sort d'Athènes, quand j'ai vu que l'ambition habile de hilippe accoutumoit les Macédoniens à la sobriété, au travail, à la patience et à la discipline.

La République est-elle parvenue à aimer ses devoirs? Tâche de les lui faire aimer encore davantage. Ne te repose point, car les passions que tu as à combattre ne se reposent jamais. On n'est jamais assez vertueux, parce qu'on n'est jamais trop heureux. Qui s'arrête dans le chemin de la vertu, a déja reculé sans s'en appercevoir. N'attends pas qu'il se soit formé une maladie dans l'Etat pour y apporter un remède; peut-être qu'en naissant elle seroit déja incurable. Tâche de la prévenir, quelque symptôme l'annonce toujours. Sois sûr que nos plus grands ennemis nous les portons en nous-mêmes, ce sont nos passions. Si tu n'en connais pas la marche sourde et tortueuse, tu seras surpris comme un général qui néglige de s'instruire des mouvemens de son ennemi. Si tu n'étudies pas leur langage artificieux, elles te parleront, mon cher Aristias, et tu croiras entendre la voix de la raison. Si tu ne dois l'alliance de tes voisins qu'à des intrigues, cette alliance sera fragile et toujours douteuse. Ne compte sur tes alliés qu'autant que tu leur auras fait du bien, et qu'ils se confieront à ta justice et à ton courage. Aime et fais en un mot le bien de tous les hommes, si tu aimes ta patrie, et si tu veux la servir utilement.

Voilà, Aristias, ce que j'avois à te dire sur les principes fondamentaux de la Politique ; elle exige sans doute plusieurs autres connaissances dans l'homme d'Etat, et tu dois te hâter de les acquérir. On ne sauroit trop connaître les loix et les mœurs de son pays, de ses alliés, et en général de tous les peuples dont on peut espérer ou craindre quelque chose. Le commerce des hommes t'apprendra à traiter avec eux ; n'espère pas cependant que ton expérience seule te puisse donner toutes les lumières dont tu auras besoin. Si tu ne sais que ce que tu auras vu, tu sentiras à chaque instant le poids de ton ignorance, à moins qu'une présomption extrême ne te trompe. C'est en étudiant dans l'histoire les causes des événemens heureux et malheureux que tu acquerras des connaissances sûres. Le passé est une image, ou plutôt une prédiction de l'avenir. Compte les vertus et les vices d'un peuple; et comme Jupiter, qui, selon les poëtes, a pesé dans ses balances d'or la destinée des Républiques et des Empires, tu sauras les biens et les maux auxquels il doit s'attendre.

Tu ne seras point un bon citoyen, mon cher Aristias, si dès à présent tu ne te prépares à être un jour un excellent magistrat. N'aspire jamais à un emploi, que tu n'aies acquis auparavant les connaissances nécessaires pour le bien remplir. Il n'est plus temps d'apprendre quand il faut exécuter; et si on

exécut

exécute sans être instruit, on n'a d'autre guide que la routine, qui se laisse entraîner au cours des événemens. Veux-tu remplir ta magistrature avec gloire? Tâche de connoître les devoirs de tes collègues et de tous les magistrats qui partagent avec toi l'administration de la République. Qui ne connaît qu'une branche du gouvernement, l'administrera mal. N'aie avec eux qu'un même intérêt, et n'exige jamais par orgueil, qu'ils sacrifient les parties dont ils sont chargés à celle qui t'est confiée. Enfin, mon cher Aristias, conserve précieusement ta réputation. Il ne suffit pas que le magistrat soit homme de bien, il faut même que sa vertu ne puisse être soupçonnée. Si le peuple te croit juste, sois sûr que les loix dont tu seras le ministre, auront une force infinie entre tes mains, et qu'il te sera aisé de travailler au bonheur public.

J'ai répandu dans cet ouvrage un peu moins de notes qu'il n'en auroit peut-être fallu pour l'adapter entièrement à la Révolution ; mais j'ai craint de détourner trop souvent le lecteur de la continuelle attention qu'il doit apporter à ce chef-d'œuvre de la simple et admirable Politique de Mably. Quelques-unes d'ailleurs de ces notes auroient nécessairement été un peu longues : il valoit mieux qu'elles fissent partie de l'ouvrage intitulé l'*Antiquité renaissante*, qui sera souvent l'extension et le commentaire des principes que Mably a énoncés et prouvés d'une manière si lumineuse dans les *Entretiens* que nous venons de voir. Il me sera bien agréable aussi de rappeler dans l'ouvrage auquel je travaille, ce qu'il dit de l'amour de la Patrie et de celui de l'humanité (*Voyez* sa seconde remarque sur le IVe. Entret.), et d'y ajouter les grandes vues de nos Représentans sur cet objet, l'un des plus essentiels au bonheur de la famille humaine.

Fin du dernier volume.

REMARQUES
SUR
LES ENTRETIENS
DE PHOCION.

TROISIÈME ENTRETIEN.

(1) XÉNOPHON nous a conservé l'entretien de Socrate avec Euthydême sur la volupté, et je ne puis résister au plaisir d'en transcrire un morceau admirable. Je me sers de la traduction de Charpentier.

« As-tu songé, *dit Socrate*, que la débauche » qui ne parle que de volupté, ne sauroit en » faire goûter aucune comme il faut, et qu'il » n'y a que la tempérance et la sobriété qui » donne le vrai sentiment des plaisirs ; car » c'est le naturel de la débauche de ne point

» endurer la faim, ni la soif, ni les aiguillons » de l'amour, ni la fatigue des veilles, qui » sont néanmoins les véritables dispositions » pour boire et pour manger délicieusement, » et pour trouver un plaisir exquis dans les » embrassemens amoureux, ou dans les ap» proches du sommeil. Cela est cause que » l'intempérant sent moins de douceur dans » ces actions qui sont nécessaires et qui se » font très-souvent; mais la tempérance qui » nous accoutume à attendre le besoin, est la » seule aussi qui dans ces rencontres nous fait » sentir une extrême volupté.

» C'est cette vertu aussi, *dit Socrate*, qui » met les hommes en état de se perfectionner » l'esprit et le corps, et de se rendre capables » de gouverner heureusement leur famille, » de servir utilement leurs amis et leur patrie, » et de surmonter leurs ennemis; ce qui » est non-seulement très-avantageux pour » l'utilité, mais même très-agréable par le » contentement qui l'accompagne, et c'est à » quoi les débauchés n'ont point de part : car » quelle part pourroient-ils prendre aux ac» tions vertueuses, eux dont l'esprit est tout

» employé à la recherche des voluptés pré» sentes ?

» Quelle différence y a-t-il, *dit Socrate*, entre » un animal irraisonnable et un homme volup» tueux qui ne considère point ce qui est le » plus honnête, mais qui poursuit aveuglé» ment ce qui est le plus agréable ? Il n'ap» partient qu'aux personnes tempérantes de » rechercher quelles sont les meilleures choses, » et après en avoir fait un discernement exact » par l'expérience et le raisonnement, d'em» brasser les bonnes et de s'éloigner des mau» vaises ; c'est ce qui les rend tout ensemble » très-heureux, très-vertueux et très-ha» biles. »

(2) Antipater disoit que de deux amis qu'il avoit à Athènes, Phocion et Démadès, il n'avoit jamais pu ni obliger l'un à rien rece- voir, ni contenter l'avidité de l'autre. Ce Démadès étoit orateur, et avoit du crédit dans la place publique, C'est lui qui, trouvant un jour Phocion à table, et voyant son extrême frugalité, lui dit : « Je m'étonne, » Phocion, que te contentant d'un si mauvais » repas, tu veuilles prendre la peine de te

» mêler des affaires de la République. »

(3) *Nec putes, ô Glauco! magis me de viris, quàm de mulieribus fuisse locutum, quæcumque videlicet natura aptæ ad hæc officia sunt.* In Rep. L. 7. Voyez ce que Platon dit en cet endroit sur l'éducation des femmes. Il y revient encore dans son *Traité des Loix*, L. 7. *Aio stultissimum hoc in nostris regionibus esse, ut non iisdem studiis mulieres ac viri omni conatu consensuque dent operam.... Præceptum verò nostrum non cessabit offerre quod oporteat doctrinæ cæterorumque, quam maximè mulieres cum viris participes fieri* (*).

(4) Rien ne prouve peut-être mieux qu'un État agit sans principes et sans système, que le grand nombre de loix dont il accable les citoyens. Un législateur habile va à la racine des abus qu'il veut arrêter, la coupe, et l'ordre est rétabli par une seule loi. L'his-

---

(*) Platon, de même que Lycurgue, veut rendre l'éducation des filles trop semblable à celle des garçons; cette marche n'est pas celle de la Nature : on trouvera là-dessus quelques observations dans l'*Antiquité renaissante*.

toire ancienne et l'histoire moderne en fournissent plusieurs exemples. Un législateur ignorant veut détruire les effets d'un vice, mais il en laisse subsister la cause. L'État ne se corrige pas; il arrive même que les efforts inutiles du législateur le rendent incorrigible, parce que les esprits s'accoutument enfin à mépriser les loix. Quand une loi est tombée dans l'oubli, et qu'on la renouvelle, il semble que ce ne soit que par caprice, et on ne prend presque jamais les mesures nécessaires pour empêcher qu'elle n'éprouve une seconde disgrâce. Un État qui n'a point d'objet fixe, ou qui ne consulte pas la nature des choses, doit nécessairement beaucoup multiplier ses loix, parce qu'il n'agit que relativement aux circonstances dans lesquelles il se trouve, et que ces circonstances changent et varient continuellement. C'est un grand malheur quand les loix sont en si grand nombre, qu'on ne daigne plus s'en instruire, et qu'elles sont pour la plupart ignorées de ceux mêmes qui font une étude du droit public et de la jurisprudence d'une nation. La coutume et la routine usurpent alors l'autorité qui n'appartient qu'aux loix, et c'est le prop de la coutume et de la routine de n'avoir rien de fixe, et en se prêtant aux événemens, d'ouvrir la porte aux injustices les plus criantes.

Multiplier les magistrats, n'est pas une chose plus salutaire que de multiplier les loix. Moins ils sont nombreux, plus on est porté naturellement à les respecter, et plus ils sont eux-mêmes attentifs à remplir leurs devoirs. Créer de nouveaux magistrats dans une République dont les loix et les mœurs se corrompent, ce n'est souvent qu'y introduire de nouveaux abus, et donner des protecteurs à la corruption. En général il est inutile, comme le dit Phocion dans son second entretien, de prétendre avoir de bons magistrats, si on n'a pas commencé par donner de bonnes mœurs aux citoyens.

La Politique a deux ou trois règles générales sur ce sujet, qu'il est impossible de négliger sans s'exposer à d'extrêmes dangers. Pour empêcher que le magistrat ne se relâche dans les fonctions de sa magistrature, il faut qu'elle soit courte et passagère. Si elle est à vie, il l'exercera avec négligence ; il la regardera omme un bien qui lui est propre, et travail- era bien plutôt à en augmenter les droits et es prérogatives, qu'à faire le bonheur public. a société a différens besoins, distingués par eur nature, et séparés les uns des autres; il aut donc établir différentes magistratures pour y subvenir. Si vous unissez dans une même magistrature des fonctions qui doivent être séparées, vous devez vous attendre qu'elles seront négligées, ou que le magistrat profitera de ce pouvoir trop étendu pour en abuser et se rendre redoutable. Si vous séparez en différentes magistratures des fonctions qui doivent être réunies dans une main, les magistrats se gêneront mutuellement dans leur administration, et ne conserveront point l'autorité qu'ils doivent avoir sur les citoyens. Remarquez que dans les circonstances extraordinaires, les magistrats ordinaires ne suffisent pas au besoin de la République. Ce fut une institution bien sage chez les Romains, que de créer quelquefois des dictateurs, ou de revêtir les consuls d'une puissance extraordinaire.

(5) Il n'y a point de peuple dans l'anti-

quité qui ait été traité plus durement que les Egyptiens, après qu'ils eurent renoncé à la sagesse de leurs premières institutions. Aristote dit dans sa *Politique*, que les rois d'Egypte ne creusèrent le lac de Mœris, ne bâtirent les pyramides, et n'exécutèrent d'autres pareils ouvrages, que pour accabler sous le poids du travail des sujets indociles dont ils craignoient l'inquiétude, et qui ne prenoient aucun intérêt à la patrie.

(6) C'est ce qui a fait dire à Thucydide, L. 2. C. 11, que quoique le gouvernement d'Athènes fût démocratique dans le droit, il approchoit dans le fait de la monarchie, puisque le plus grand homme y avoit toute l'autorité, et sembloit être le dépositaire de la volonté de tous les citoyens. La République auroit succombé dans les dangers auxquels elle fut exposée, après s'être délivrée de la tyrannie des fils de Pisistrate, si elle n'eût eu alors, par hazard, un Miltiade dont les talens extraordinaires la firent triompher des Perses à Marathon. A ce grand homme succédèrent un Aristide, un Thémistocle, un Cimon, qui par leurs lumières, leurs talens et

leurs grandes actions, méritèrent la confiance des Athéniens, et les élevèrent, malgré les caprices de la démocratie, à penser comme eux. Périclès, qui avoit tous les talens, et à qui il ne manquoit que de la probité, fut le dernier des Athéniens qui jouit dans sa patrie de ce crédit qu'on pouvoit appeler monarchique. « Ceux, *dit Thucydide*, qui après » sa mort aspirèrent au gouvernement, étant » tous égaux en mérite, c'est-à-dire, par » leurs talens très-médiocres, et rivaux en » dignité, et tâchant de se débusquer les uns » les autres pour obtenir le premier rang, » mirent toute l'autorité entre les mains du » peuple, par leur lâcheté et leur flatterie. » De-là s'ensuivit, entre autres maux, l'en- » treprise de Sicile, qui ne se perdit pas » tant par la faute de ceux qui y furent em- » ployés, que par le défaut de ceux qui les » employèrent, et s'entre-battoient à Athènes » pour le commandement. Ils ralentirent l'ar- » deur du camp par leur division, et mirent » à la fin la sédition dans la ville. » Traduction de d'Ablancourt.

(7) C'est ce qui a fait dire à Platon, dans

son traité des loix, L. 11. *Nullus civis caupo mercatorque nec sponte nec invitus fiat, nec privati cujusquam fiat minister, qui non æquo in eâdem sorte sibi respondeat, nisi patris ac matris, aliorumque genere majorum cæterorumque seniorum qui liberi sunt et liberi vivunt.*

Ce que Phocion ajoute, qu'il ne faut regarder les artisans que comme des esclaves, paroîtra peut-être un sentiment outré et cruel à quelques lecteurs; mais il faut tâcher d'entrer dans sa pensée, ce qui est facile, et on en sentira bientôt la vérité. Phocion étoit sans doute trop instruit des droits de l'humanité, pour dire qu'il falloit ôter la liberté aux artisans, et les réduire en esclavage; il vouloit seulement que des hommes, qui ne peuvent pas avoir des sentimens de citoyens, n'eussent, comme les esclaves, aucune part à l'administration publique, et il avoit raison. Il ne comptoit pour citoyens que les possesseurs des terres, et il est assez vraisemblable qu'on ne peut s'écarter dans la pratique de cette idée, sans s'exposer à de grand inconvéniens.

De tous les grands hommes qui ont gouverné

verné la République d'Athènes, Aristide est le seul qui ait favorisé la démocratie. Il abolit la loi de Solon, qui ne permettoit d'élever aux magistratures que les citoyens qui recueilloient de leurs terres au moins deux cents mesures de froment, d'huile ou de vin, et par-là il affoiblit ou ruina la partie aristocratique du gouvernement, qui servoit de frein à la démocratie. Il fut permis indistinctement à tout citoyen d'aspirer et de parvenir aux magistratures; et c'est sans doute une des principales causes des fautes grossières que fit la République, et des malheurs qu'elle éprouva après la mort de Périclès. L'inquiétude et l'insolence du peuple ne connurent point de bornes (*).

(8) Je me rappelle en effet d'avoir lu dans Platon, qu'il vouloit que les tableaux qu'on vouoit dans les temples des Dieux, fussent

---

(*) C'est bien dommage que Mably n'ait pas vu notre révolution, il y auroit pris une toute autre idée que celle qu'il avoit du gouvernement populaire.

faits dans un jour. Il n'en accordoit que cinq aux sculpteurs, pour faire et élever un tombeau.

(9) Du temps d'Aristide et de Thémistocle, les hommes qui gouvernoient la République étoient rivaux, et ne se haïssoient pas; ou s'ils étoient ennemis, ils n'employoient pas, pour se perdre, les voies lâches et tortueuses du mensonge et de l'intrigue : c'étoit une noble émulation qui les portoit à se surpasser les uns les autres. L'amour de la gloire et de la patrie épuroit l'envie et la jalousie. Aristide et Thémistocle avoient toujours été d'un avis opposé; mais quand Xerxès menaça la Grèce, toute rivalité cessa entre eux, et ils ne songèrent qu'au bien de la patrie. Périclès même, quelque jaloux qu'il fût de gouverner Athènes, fit rappeler Cimon de son exil, quand il crut ses services indispensablement nécessaires à la République, et ils agirent de concert; *tant*, dit Plutarque, *les inimitiés étoient alors civiles et honnêtes, et le courroux facile à appaiser!* du temps de Phocion, il n'en étoit plus ainsi. Les orateurs vendus à Philippe, au roi de Perse ou à quelque cabales de citoyens puissans, étoient des hommes sur qui

la vérité, l'amour de la patrie et le devoir n'avoient aucun droit.

(10) Phocion rappelle en peu de mots les trois grands torts de Périclès dans son administration. Il fit porter un décret par lequel l'Etat donnoit une rétribution aux citoyens pour assister aux spectacles et aux jugemens de la place publique : il favorisa les progrès des arts inutiles, et introduisit un luxe extrême dans Athènes : conduite qui en le rendant très-agréable à la multitude, le mit à portée de gouverner arbitrairement. Il fit la guerre aux alliés de la République, pour les forcer de payer des tributs, et flatter en même temps l'ambition des Athéniens, que l'oisiveté de la paix auroient rendus inquiets et trop difficiles à gouverner. Enfin Périclès qui pouvoit empêcher une rupture entre sa patrie et Lacédémone, alluma la guerre du Péloponèse pour affermir son autorité dans un moment critique, et ne pas rendre ses comptes. Après des reproches si bien mérités, on est étonné que Thucydide, L. 2, C. 11, dise que Périclès *avoit acquis son autorité par des voies légitimes, et que son crédit venoit de son bon*

sens et de sa dignité. J'aime mieux le jugement de Pausanias, lorsqu'il dit, L. 8, C. 52, qu'on ne doit regarder ceux qui ont fait la guerre du Péloponèse, que comme des furieux qui ont immolé tous les peuples de la Grèce à leur propre ambition et à leur intérêt particulier.

QUATRIEME ENTRETIEN.

(1) PLUTARQUE rapporte qu'Alexandre voulut faire un présent de cent talens à Phocion, et que les envoyés de ce prince trouvèrent ce grand homme qui tiroit de l'eau au puits pour se laver les pieds, et sa femme qui pétrissoit le pain.

(2) Les Grecs en général regardoient l'amour de la patrie comme la première vertu du citoyen, et il semble que dans presque toutes les Républiques, les législateurs ont été plus occupés à l'inspirer, à l'étendre, à lui donner des forces, qu'à connaître les bornes que la raison lui assigne, ou plutôt la

manière dont la raison doit le diriger et le gouverner. La doctrine que Phocion expose à Aristias, doit paraître très-sage; c'est la seule avantageuse aux hommes, et je ne crois pas qu'aucun de ses lecteurs se refuse à l'évidence de ses raisonnemens. Aussi ne prétends-je rien y ajouter; mais j'espère qu'on me permettra de rechercher dans cette remarque les causes qui ont empêché les sociétés de connaître leurs devoirs réciproques: connaissance qui leur est absolument nécessaire, et sans laquelle l'amour de la patrie n'est qu'un emportement aveugle et injuste, qui produit une grande partie des malheurs dont l'humanité est affligée.

Si les hommes ont été long-temps à sentir la nécessité de s'unir en société, s'il a fallu une longue expérience de maux pour apprendre à chaque particulier l'avantage qu'il trouveroit à renoncer à son indépendance naturelle, et se soumettre à des loix et des magistrats, il étoit naturel que les sociétés fussent encore infiniment plus lentes à contracter des alliances entre elles. Des citoyens farouches et accoutumés dans l'état de nature à obéir à leurs premiers mouvemens, ne devoient former encore pendant plusieurs siècles que des sociétés sauvages. Ces premières sociétés ou associations de brigands, conservèrent contre leurs voisins la férocité que les citoyens avoient à peine dépouillée les uns à l'égard des autres; ne pouvant s'inspirer mutuellement aucune confiance, elles se regardèrent comme ennemies, et une haine plus ou moins brutale fut l'âme de leur Politique.

Si nous abusons souvent de notre courage et de nos forces, nous qui nous piquons aujourd'hui de philosophie; si malgré les idées que nous avons enfin de la justice et du droit des gens, nous aimons mieux être conquérans que justes; si des victoires chatouillent agréablement notre orgueil; si nous trouvons communément Alexandre plus grand qu'Aristide, la force, le courage, la violence ne durent-ils pas être regardés dans des societés encore sauvages, comme les vertus les plus essentielles? Combien l'estime attachée à ces qualités, ne dut-elle pas faire naître de passions et de préjugés propres à empêcher les premiers efforts de la raison? Plus les soldats revenoient chargés de butin, plus l'avarice de leurs femmes et de leurs vieillards leur prodigua de louanges; plus leurs courses étoient étendues, plus l'admiration fut excitée; plus les ravages étoient grands, plus on avoit une haute idée des soldats qui les avoient faits. Les vaincus, en succombant, n'osoient se plaindre, dans la crainte d'aigrir des vainqueurs féroces, irrités par la victoire, et qui n'avoient pas encore la prudence de craindre un revers. Tandis que ceux ci s'enivroient de leur prospérité, les autres s'humilioient pour les fléchir, et cependant ne désespéroient pas de se venger. La modération passant pour faiblesse, auroit été méprisée comme la poltronnerie. Plus on fit de mal à ses ennemis vaincus, plus on crut imposer à ses voisins, et donner de preuves de son courage et de son habileté. Une fausse gloire éblouit et trompa tous les esprits; et dans ce silence de la raison, qui ne savoit pas encore qu'elle eût des droits à réclamer, le préjugé persuada que tout étoit permis au plus fort.

Delà ce droit des gens féroce et cruel des

anciens les plus célèbres, même par leur sagesse, leur générosité et la politesse de leurs mœurs; on croyoit qu'une déclaration de guerre étoit un arrêt de mort prononcé contre une nation. En partant de ce principe odieux, les droits de la guerre ne devoient connaître aucune borne, et les prisonniers mêmes qui s'étoient rendus à leurs ennemis, en posant les armes, ne conservoient la vie qu'en devenant esclaves. Les Grecs furent plongés pendant long-temps dans cette barbarie; on sait quel fut le sort des Ilotes et des Messéniens vaincus. Ils parvinrent, ainsi que le remarque Phocion, à regarder la Grèce entière comme leur patrie commune; mais s'ils observoient entre eux plusieurs règles de l'humanité, il s'en falloit beaucoup qu'ils les pratiquassent à l'égard des étrangers. Ils les traitoient de barbares, ils les méprisoient; ils pensoient ne leur rien devoir, et croyoient que la nature, en les faisant moins braves et moins éclairés qu'eux, les destinoit à être esclaves.

Les Romains, qui n'eurent d'abord qu'un mot pour exprimer un ennemi et un voisin, commencèrent par être des brigands. Ils volèrent des femmes, et vécurent de butin; mais ils acquirent assez promptement des mœurs, et montrèrent beaucoup de modération à l'égard des étrangers depuis l'exil des Tarquins, jusqu'au temps qu'ils succombèrent sous le poids d'une trop grande fortune, et qu'abusant enfin des avantages de la victoire, ils sappèrent les fondemens de la République. Ils ne firent point de guerre injuste; jamais ils ne commencèrent les hostilités, qu'après avoir rempli plusieurs formalités qui annonçoient leur amour pour la justice. Ils respectèrent avec plus de religion que les autres peuples, les droits de l'humanité dans leurs ennemis vaincus, et montrèrent même de l'estime à ceux qui surent s'en rendre dignes.

On se rappelle toujours avec plaisir que les Pivernates, ayant soutenu plusieurs guerres opiniâtres contre la République Romaine, essuyèrent une perte si considérable, qu'obligés de fuir et de se cacher dans leur ville même, ils y furent assiégés par le consul Plautius. Prêts à succomber, ils envoyèrent des ambassadeurs à Rome pour y négocier la paix; et le sénat leur ayant demandé quel châtiment ils croyoient mériter : *Celui*, répondirent-ils, *que méritent des hommes qui se croyant dignes d'être libres, ont tout tenté pour conserver la liberté qu'ils ont reçue de leurs pères.* Mais, reprit le consul, si Rome vous fait grâce, peut-elle se promettre que désormais vous observerez religieusement la paix? *Oui*, répliquèrent les ambassadeurs, *si les conditions en sont justes, humaines, et ne nous font pas rougir; mais si cette paix est honteuse, n'espérez pas que la nécessité qui nous la fera recevoir aujourd'hui, nous la fasse observer demain.* Quelques sénateurs furent indignés de l'orgueil de cette réponse; mais le sénat, ce corps où les lumières et le courage dominoient, approuva les ambassadeurs Pivernates, et, conformément à ses principes, jugea que des ennemis que leurs disgrâces n'avoient pas abattus, méritoient l'honneur d'être faits citoyens Romains.

Quelque magnanimité, quelque sagesse qu'eussent les Romains, leur droit des gens étoit encore bien éloigné du point de perfection où le doit porter la saine philosophie, qui n'est point distinguée de la saine politique. Bienfaisans et humains en conquérans qui étoient bien aises d'avoir des ennemis à combattre, pour avoir un prétexte d'exercer leurs forces et d'étendre leur empire, on croit voir leur ambition à travers leur modération; ou plutôt on croiroit que leur vertu n'est qu'un art pour éblouir leurs alliés, tromper leurs ennemis, et rendre leurs succès plus faciles.

C'eût été un prodige que les peuples eussent pratiqué un droit des gens plus humain, avant que la doctrine de Phocion sur l'amour de la patrie fût connue; et elle ne pouvoit point l'être, avant que des philosophes eussent découvert les erreurs de nos passions, et démontré, en comparant les faits, que la Politique, loin de travailler à la prospérité d'un Etat, en hâte la décadence et la ruine, si elle ne regarde pas l'amour de l'humanité comme une vertu supérieure, qui doit régler et diriger l'amour de la patrie. Les gouvernemens monarchiques et les aristocraties, qui ne connaissent presque jamais ce que se doivent les membres d'une même société, sont encore moins disposés à connaître leurs devoirs à l'égard des étrangers. Dans les démocraties, la multitude qui est souveraine, est inconstante, orgueilleuse, emportée, vindicative: que de passions doivent lui cacher la vérité et ses vrais intérêts! Dans les autres Républiques, telles que Sparte et Rome, où le partage de la puissance publique et la liberté, soumise aux loix, donnent aux citoyens mille vertus, l'amour de la patrie lui-même leur inspire communément une certaine vanité et une certaine hauteur, incapables de s'allier avec la pratique des devoirs de l'humanité envers les étrangers.

Les Grecs restèrent dans leur ignorance jusqu'au temps de Socrate, qui le premier des philosophes appliquant la philosophie à l'étude des mœurs, se crut citoyen de tous les lieux où il y a des hommes. Il publia d'immortelles vérités; mais la Grèce, qui deux siècles auparavant auroit pu les adopter n'étoit plus capable de les entendre. Socrat parloit de l'amour de l'humanité à des homme qui n'avoient plus même l'amour de la patrie La guerre du Péloponèse armoit toutes le

ville

villes de la Grèce les unes contre les autres. Déchirées par leurs dissentions domestiques, elles n'avoient plus d'autre règle de conduite que l'ambition, l'avarice, la crainte ou l'audace de leurs magistrats et des citoyens intrigans qui les gouvernoient, et les disciples de Socrate ne prirent par prudence aucune part à l'administration des affaires publiques. Les troubles de la Grèce augmentèrent encore après que l'imprudente Lacédémone se laissant conduire par Lysander, eut renoncé ouvertement à ses vertus pour se livrer à l'ambition. Quel temps pour parler des devoirs mutuels des peuples, que les règnes de Philippe, d'Alexandre et de leurs ambitieux successeurs ! La vérité fut étouffée en naissant, ou du moins ne sortit point des écoles que quelques philosophes tenoient à Athènes.

La philosophie de Socrate et de Platon passa de la Grèce à Rome; mais il semble que rien n'arrive à propos dans ce monde. Si les Romains avoient conservé leurs anciennes mœurs, sans doute qu'ils auroient adopté des principes propres à s'allier avec leur modération et leur amour de la justice et de la pauvreté; mais corrompus par leur fortune, ils ne vouloient plus être que les tyrans des nations dont la vertu de leurs pères les avoit rendus les maîtres. Dans les mêmes ouvrages où Cicéron, plein du génie de Socrate et de Platon, enseignoit que tous les hommes sont frères; qu'ils doivent s'aimer, se secourir, se faire du bien; qu'il ne faut regarder la terre entière que comme une grande cité dont les quartiers différens ne doivent pas avoir des intérêts opposés; il se plaint qu'il n'y ait plus d'amour de la patrie ni aucune autre vertu dans Rome, et que la République soit anéantie. Nous sommes tombés, dit-il, dans un abîme immense de calamités. Tout a changé de face parmi nous, depuis que les violences que nous excerçons sur les étrangers nous ont enhardis par degrés à être injustes et cruels envers les citoyens. L'avarice, l'insolence et l'esprit de tyrannie, après avoir fait taire les loix, ont commis tant de concussions, de rapines et de brigandages sur nos alliés, que nous subsistons plutôt par l'imbécillité de nos ennemis, qui ne savent pas profiter de notre faiblesse, que par aucune sorte de vertu qui nous mette en état de nous défendre.

La philosophie de Cicéron ne devoit pas avoir un meilleur sort à Rome, que celle de Socrate dans la Grèce. Tout le monde sait que les guerres civiles que produisit la licence des citoyens, firent place à la tyrannie des Empereurs. Les successeurs d'Auguste, semblables à ce Critias dont il est parlé dans les Entretiens de Phocion, auroient voulu ôter aux hommes jusqu'à la faculté de penser. Toute lumière fut donc éteinte dans l'étendue de la domination Romaine; et au-delà de ses limites, il n'y avoit que des nations sauvages, pareilles à ces sociétés naissantes dont j'ai parlé au commencement de cette remarque.

Au milieu des délateurs, des proscriptions, de la servitude la plus humiliante et de la tyrannie la plus sanguinaire, comment le Romain, qui ignoroit ce qu'il se devoit à lui-même, ce qu'il devoit à ses concitoyens et à sa patrie, auroit-il soupçonné qu'il avoit des devoirs à remplir envers les étrangers? Les maux de l'Empire étoient tels, que Nerva,

Trajan, Antonin et Marc-Aurèle ne purent que les suspendre pendant quelques momens, et non pas en tarir la source. La puissance publique étant entre les mains des soldats, toujours prêts à sacrifier les empereurs à leurs caprices, on ne pouvoit pas même espérer d'être long-temps gouverné par les mêmes vices et les mêmes passions.

Le monde sembla rentrer dans sa première barbarie, en passant sous la domination des Goths, des Vandales, des Huns, des Bourguignons, des Francs, des Saxons, etc. qui, après avoir long-temps vexé, déchiré et pillé les provinces Romaines, les partagèrent entre eux. Ils conservèrent dans leurs conquêtes les mœurs, les loix et le gouvernement qu'ils avoient apportés des forêts de Germanie. Il ne pouvoit y avoir aucun droit des gens pour des hommes qui trouvoient beau de vivre de pillage et de butin. Le christianisme qu'ils embrassèrent, et qui devoit les instruire de tous les devoirs de l'humanité, les laissa dans leur première ignorance, parce qu'ils se contentèrent d'en croire les dogmes, sans en adopter la morale.

Elle étoit en effet trop sublime pour des sauvages qui ne commençoient à perdre un peu de leur férocité, qu'en prenant quelques vices abjects et bas des vaincus.

Jamais les hommes ne furent témoins de révolutions plus subites et plus extraordinaires que celles qu'ils éprouvèrent sous le gouvernement des peuples du Nord et de la Scythie. Chaque jour il se formoit une nouvelle monarchie; chaque jour il en périssoit une à peine formée. Quand enfin les barbares, affaiblis par leurs guerres, commencèrent à être plus tranquilles dans leurs conquêtes, le gouvernement des fiefs, né chez les Français, se répandit promptement dans toute l'Europe; c'est-à-dire, qu'on n'y vit plus que des tyrans impitoyables ou des esclaves qui les servoient. On n'avoit aucune loi politique ni civile; on ne conservoit aucune idée, ni des conventions expresses ou présumées qui ont formé la société, ni de l'objet qu'elle doit se proposer. La force décidoit seule du droit entre des suzerains et des vassaux qui ne formoient qu'un seul royaume, en formant cent principautés différentes. On n'avoit pour se conduire que des coutumes incertaines, auxquelles la liberté des passions et la bizarrerie des événemens ne permettoient pas de prendre une certaine consistance. Veut-on enfin se faire une idée de la morale de ces siècles barbares? Qu'on se rappelle que la piété même prit une teinture du brigandage que le gouvernement des fiefs avoit accrédité. Les Croisades furent regardées comme un acte de religion propre à honorer Dieu.

L'Europe, lasse de ses malheurs et fatiguée de ses dissentions, commença, si je puis parler ainsi, à vouloir mettre quelque méthode dans le désordre. On fit des loix absurdes et injustes, et c'étoit beaucoup que de savoir qu'il falloit avoir des loix. On soupçonna que la société avoit besoin d'une puissance législative; mais on fut encore long-temps à refuser de lui obéir. Il falloit créer une jurisprudence, et les personnes assez instruites pour savoir lire, n'avoient pour modèles que les jurisconsultes de l'Empire, dont les ouvrages, sans principes et sans ordre, sont autant de preuves de la misérable servitude où les loix étoient tombées. Les rescrits toujours arbitraires des empereurs, les sentences souvent opposées des magistrats, voilà la base de leurs connoissances; et, comme le remarque un homme habile en cette matière, aucun de ces jurisconsultes n'avoit même songé à traiter du droit de la nature et des gens.

J'abrège l'histoire honteuse de notre barbarie. L'Europe ne prit enfin une face nouvelle, que quand l'autorité et la subordination s'établirent dans les Etats, et que les lettres réfugiées à Constantinople, passèrent en Italie après la ruine de l'empire d'Orient. On commença à lire les anciens, et par des progrès assez rapides, on se mit à portée de cultiver les sciences, qui en éclairant l'esprit, préparent le cœur à aimer l'ordre, les loix et la morale; mais si l'intérieur des Etats étoit déja plus policé, on sait l'indigne politique qu'ils pratiquèrent les uns à l'égard des autres. La lecture de Platon et de Cicéron devoit mettre nos pères sur le chemin de la vérité; mais les préjugés étoient trop anciens et trop répandus pour être dissipés en un moment. Loin de rougir de la perfidie, on se faisoit un honneur d'être sans foi. L'ambition aveugle se croyoit tout permis. On raisonnoit déja, et on croyoit encore que le droit des gens, fondé sur des conventions arbitraires, n'étoit pas distingué de l'usage reçu et pratiqué entre les peuples civilisés, et qu'en obéissant à cet usage, on ne se rend jamais criminel. A la honte de la raison humaine, on raisonna d'après les faits pour juger de ce qui est permis ou défendu, et on ne s'avisa que tard de soumettre ces faits à l'examen de la raison.

Les principes du droit naturel sont simples, clairs et évidens; et il y a long-temps que la philosophie, qui à de certains égards a fait de si grands progrès, devoit ne nous rien laisser à desirer sur la nature des devoirs réciproques des sociétés. Quelques auteurs, qui ont traité cette matière, bien loin de chercher la vérité, n'ont voulu que la déguiser. Les uns n'ont osé croire que la Politique des puissances de l'Europe fût injuste; les autres n'ont osé le dire. Des écrits faits pour nous instruire, n'ont servi qu'à perpétuer notre ignorance et nos préjugés. Pendant qu'on ignore les loix par lesquelles la nature lie tous les hommes; pendant qu'on ne cherche qu'à établir un droit des nations favorable à l'ambition, à l'avarice et à la force, peut-on être disposé à penser, avec Socrate, Platon, Phocion et Cicéron, que l'amour de la patrie, subordonné à l'amour de l'humanité, doit le prendre pour son guide, ou s'expose à produire de grands malheurs?

(3) « Nous ne voyons, *dit Aristote, Polit.* » *L. 7. C. 4*, aucune ville bien policée qui » renferme un très-grand nombre de citoyens; » et notre raison nous fait voir aisément les » causes de ce que l'expérience met tous les » jours sous nos yeux. La bonne police n'est » que l'ordre, et comment une grande mul» titude en seroit-elle susceptible? Puisque » dans ce nombre il y a toujours beaucoup de » citoyens tentés de désobéir à la loi, et que » leur grand nombre facilite l'impunité. Il n'y » a que Dieu seul dont la toute-puissance » gouverne l'univers, qui puisse maintenir le » bon ordre dans une grande cité.

Quanta autem multitudo sufficiens sit, non aliter rectè dicitur quàm agrorum vicinarumque civitatum collatione. Ager quidem tantus sit, ut tot moderatis hominibus sufficiat, neque majori opus. Tot verò esse debent (cives) ut injuriantes vicinos possint depellere, et iisdem injuriam patientibus auxiliari. Quinquiès mille et quadraginta sint ob commoditatem numeri hujus agricolæ, quique pro finibus depugnent. Plat. de leg. L. 5.

La doctrine des anciens sur cette matière est uniforme. Ils faisoient peu de cas de ce que nous appelons les grandes puissances (*). Aujourd'hui de grandes provinces ont moins de forces que n'en avoient autrefois plusieurs Républiques de la Grèce. Il n'étoit pas rare de trouver dans un territoire d'une médiocre étendue trente ou quarante mille citoyens; et les maîtres de ce territoire, grâces à la forme de leur gouvernement et de leur police, avoient pour le défendre une armée de trente ou quarante mille hommes. Combien de royaumes considérables ne sont pas en état d'avoir aujourd'hui de pareilles armées! La

(*) J'ai fait là-dessus quelques observations dans le discours prélim. pages 47-50.

police des anciens Grecs, qui ne bornoit point l'emploi des citoyens à une seule fonction, leur frugalité, la simplicité de leurs mœurs et leurs fortunes domestiques moins disproportionnées entre elles que les nôtres, multiplioient les forces, l'industrie et le courage, sans multiplier les bras. En est-il de même chez les peuples modernes? non sans doute, et c'est ce qui les rend si faibles. Si je voulois suivre cette idée, et faire voir par quelles raisons un Etat, qui a aujourd'hui dix millions de sujets, ne peut avoir qu'une armée de cinquante mille hommes, et pourquoi cette armée doit être une armée de mercenaires, il me faudroit faire un livre fort étendu.

(4) *Omnes quoque choreæ ita ut bene geratur bellum, celebrandæ sunt, atque omnis dexteritas, facilitas, promptitudo ejusdem rei causa comparanda. Ob eandem causam consuescere debemus à cibo et potu abstinere, frigus æstivumque et cubilis duritiam pati, et imprimis capitis pedumque virtutem alienis tegmentis non corrumpere.* Plat. de Leg. L. 12. On voit combien les exercices que Platon prescrit aux citoyens, et les habitudes qu'il veut leur faire

contracter, sont propres à faire aimer la tempérance et le travail. Qui veut former d'excellens soldats, fait nécessairement d'excellens citoyens. Lycurgue avoit prescrit aux Spartiates tout ce qu'on trouve dans le passage de Platon, qu'on vient de lire, et les Spartiates obéissoient fidèlement à ces institutions. Le temps de guerre étoit pour eux, dit Plutarque, un temps de délassement. Qu'on voie tout ce que les Grecs et les Romains, dans leur beau temps, faisoient pour se préparer des armées invincibles. Ces peuples ne se contentoient pas que leurs soldats fussent meilleurs que ceux de leurs voisins ou de leurs ennemis; ils vouloient les rendre aussi bons qu'ils doivent et qu'ils peuvent l'être. Je crois qu'il ne seroit pas impossible de prouver que tout Etat où chaque citoyen n'est pas destiné à défendre sa patrie comme soldat, ne peut jamais avoir une excellente discipline militaire, le maréchal de Saxe le pensoit: voyez ses *Rêveries*, ouvrage d'un grand capitaine, qui avoit médité sur la guerre en philosophe. S'il y a dans un Etat des hommes bornés aux seules fonctions civiles, ils amolliront

iront nécessairement les mœurs publiques, et a mollesse des mœurs relâchera certainement es ressorts du gouvernement militaire.

(5) Quoiqu'Athènes n'ait éprouvé ni l'un ni l'autre inconvénient que Phocion redoutoit, sa crainte n'en étoit pas moins bien fondée. Les Athéniens n'y échappèrent, que parce qu'ils tombèrent peu de temps après sous la puissance de Philippe à qui ils avoient imprudemment déclaré la guerre. Il est certain que ce sont des différends pareils à ceux dont parle Phocion entre les citoyens riches et les citoyens pauvres, qui ont toujours contribué à ruiner la liberté dans les Républiques, ou qui les ont assujetties à leurs ennemis. Tout Etat où le citoyen ne veut pas prendre la peine d'être soldat, doit enfin être gouverné par des soldats, ou par ceux qui ont l'art de se rendre les maîtres des armées.

(6) On sait en effet que les armées de Carthage se révoltèrent plusieurs fois. Des mercenaires sont avares, et on les satisfait avec de l'argent : s'ils eussent eu un chef ambitieux, ils auroient détruit la République. Ce que Phocion ajoute sur la ruine des Cartha-

ginois est une vraie prédiction, et on pourroit, à son exemple, tirer l'horoscope des Etats commerçans. Aujourd'hui toutes les puissances de l'Europe sont devenues commerçantes, et c'est parce que ce vice de leur politique est général, qu'aucune d'elles n'en sent les inconvéniens relativement à ses ennemis; elles combattent à armes égales; mais s'il se formoit une République Romaine, quel seroit le sort des Etats commerçans (*)?

(7) C'est ce qu'on ne cessoit de répéter à Athènes depuis la régence de Périclès. Thucydide, L. 1. C. 9, lui fait dire dans une harangue : *l'argent entretient mieux la guerre que les hommes, qui ne sont capables que de quelques légers efforts.* Quand cette maxime de Périclès est vraie, c'est une preuve certaine que la République n'a jamais connu, ou bien qu'elle a abandonné les bons principes de politique, et que les mœurs sont corrompues, Une pareille République ne doit faire la guerre que contre des ennemis aussi vicieux qu'elle, si elle ne veut pas courir à sa ruine.

(8) Me permettra-t-on de placer ici quelques réflexions sur le commerce que les

---

(*) Cette remarque et les deux suivantes, qui ont pour objet le commerce, méritent d'être profondément méditées.

nations modernes regardent comme le nerf de l'Etat? Si je me trompe, je souhaite que quelqu'écrivain, éclairé sur cette matière à la mode, daigne me faire connaître mes erreurs.

Phocion vient de dire, en parlant de l'empire, que les Carthaginois avoient acquis : *Entre des peuples également vicieux, je ne suis pas étonné que celui qui peut acheter des soldats, ait la supériorité.* Je dirai de même : Je ne suis pas étonné qu'entre les peuples de l'Europe, qui ont tous également abandonné les bons principes de politique, le commerce, qui produit de l'argent, mette en état d'avoir et d'entretenir des armées plus nombreuses. Mais je demanderai si ces soldats, qui ne peuvent être que des mercenaires ramassés dans la lie du peuple, ou arrachés par force à d'autres professions, sont capables d'avoir le courage et la discipline des anciens? Il faudroit un miracle pour que ces mercenaires supportassent les travaux et affrontassent les dangers de la guerre avec la même patience et le même courage que ces citoyens de la Grèce et de Rome, qui naissoient soldats, et qui combattoient pour défendre leurs foyers.

Je prie de remarquer en second lieu qu'un Etat qui a des armées mercenaires, doit être riche; d'ou je conclus qu'il ne peut point avoir une bonne discipline militaire, parce qu'on ne peut être riche sans avoir les mœurs que donnent les richesses, et que ces mœurs sont diamétralement opposées à celles qu'exige la guerre. Je sais bien que le luxe n'amollit pas les soldats et les officiers subalternes, mais il amollit les chefs, et relâche nécessairement la vigueur de la discipline et du commandement, et les passions des autres en profitent pour se mettre, s'il se peut, à leur aise

Si mes réflexions sont vraies, peut-on croire que les peuples qui ont pourvu à leur sûreté d'une autre manière que les Grecs et les Romains, se conduisent avec prudence? On me répondra que tous les Etats gouvernant aujourd'hui leurs milices de la même façon, il n'en résulte aucun inconvénient pour chaque puissance en particulier; et que par conséquent l'essentiel est d'avoir beaucoup d'argent, pour avoir des armées supérieures à celles de ses ennemis. Il me semble que c'est ne pas bien raisonner; car les fautes de mes voisins ne justifient pas les miennes. J'avois toujours o dire que la politique est la science de faire le plus grand bien de la société, et non pas de copier les erreurs des autres; et qu'en s'occupant du moment présent, elle doit embrasser l'avenir, et se mettre en état de ne le pas craindre. Il peut se former dans mon voisinage une République Romaine, c'est-à-dire, une puissance qui se comporte par les bons principes; et comment mes soldats mercenaires et faiblement disciplinés, mettront-ils alors ma patrie à l'abri de toute insulte? Les Carthaginois pensoient qu'il n'arriveroit aucun changement dans leur situation respective avec leurs voisins; ils se sont trompés, pourquoi ne me tromperois-je pas en pensant comme eux!

Ce sont nos passions, et non pas notre raison, ainsi que le dit Phocion, qui nous ont persuadé que l'argent est le nerf d'un Etat. Les trésors les plus immenses s'épuisent; on en voit la fin en peu de temps, quand les ames sont mercenaires et avares, et elles le sont toujours quand l'Etat a pris le parti de payer en argent les services qu'on lui rend : comment est-il donc prudent de compter sur les richesses ? Plus, au contraire, on dépense en vertus, si je puis parler ainsi, plus la masse des vertus augmente par l'exemple et l'émulation. La vertu est donc le seul nerf des Etats ; il n'est donc sage que de compter sur elle. Les personnes qui ne parlent que d'étendre le commerce et d'enrichir l'Etat, ont-elles pesé, comme Phocion, les avantages et les inconvéniens attachés aux richesses ? Ont-elles trouvé, après un calcul bien exact, que les avantages étoient plus considérables que les inconvéniens ? En ce cas, je les invite à nous faire part de leurs découvertes. Qu'elles réfutent Platon, Aristote, Cicéron, tous les Politiques de l'Antiquité ; qu'elles aient le front de nous dire que Tyr, Carthage, etc. étoient des Républiques plus sagement gouvernées que Lacédémone et Rome ; que ces deux dernières villes devinrent plus heureuses et plus puissantes à mesure qu'elles devinrent plus riches, et que les Romains, par leur constitution, devoient être vaincus par les Carthaginois.

On se sert d'un argument assez bizarre pour prouver les avantages du commerce, c'est de faire une peinture détaillée de tous les maux qu'éprouve un Etat qui voit tomber son commerce, et qui a perdu une partie considérable de ses richesses. Je conviens, en effet, que cette situation est fâcheuse. L'état qui n'avoit point d'autre ressort, que l'argent pour produire le mouvement, tombe dans une inaction léthargique; il est déchiré par des passions qu'il ne peut satisfaire, et rien n'est plus ridicule ni plus pernicieux que les vices de la richesse dans la pauvreté. Mais ces malheurs, loin de prouver que les richesses et le commerce font le bonheur, la force et la sûreté d'un Etat, démontrent précisément le contraire; s'il est vrai, comme on le verra dans un moment, que les richesses et le commerce doivent déchoir, dès qu'ils sont parvenus à un certain degré. Si cet Etat, ouvrant les yeux sur sa situation passée et présente, parvenoit à se convaincre de l'inutilité et de l'abus des richesses et du commerce; s'il réformoit ses mœurs; si, par le secours de quelques nouvelles loix, il mettoit à la place de ses anciennes richesses, la tempérance, l'amour de la gloire, le désintéressement; je demande si sa nouvelle modération ne lui seroit pas plus utile que son ancienne cupidité. En bannissant l'avarice et le luxe, il se trouveroit riche dans sa pauvreté, et il seroit mieux défendu par le courage de ses citoyens, qu'il ne l'avoit été par les richesses de son commerce.

Pour prouver ce que je viens d'avancer, je rapporterai ici la pensée d'un écrivain moderne, qui a porté le génie le plus profond et le plus lumineux dans l'étude du commerce. Lorsqu'un Etat, dit Cantillon, est parvenu à acquérir de grandes richesses, soit qu'elles soient le fruit de ses mines, de son commerce, ou des contributions qu'il exige des étrangers, il ne manque jamais de tomber promptement dans la pauvreté. L'Histoire ancienne et moderne est pleine de ces révolutions; et voici de quelle manière Cantillon en développe l'ordre et la marche.

Les personnes, dit-il, que ces sommes d'or et d'argent ont enrichies directement, augmentent leurs dépenses à proportion de leurs gains, ils consument plus de denrées et de marchandises; les agriculteurs et les artisans, par conséquent plus employés, verront augmenter leur fortune, et voudront en jouir. Cette augmentation de consommation augmente le prix des denrées et des marchandises, et dès-lors les ouvriers ne peuvent plus se contenter de leurs anciens salaires. Tous les objets de consommation devenant par-là encore plus chers, il y aura un profit considérable à tirer de l'étranger qui travaille à meilleur marché les choses dont on a besoin. C'est alors que l'Etat commence à éprouver les inconvéniens de la pauvreté. Le peuple sent d'autant plus vivement sa misère, qu'il s'étoit déja accoutumé à plus d'abondance. La terre est moins cultivée, parce que l'agriculteur vend moins ses denrées, et il faut que les artisans meurent de faim, ou aillent gagner leur vie chez les étrangers, tandis que le luxe des riches y fait passer continuellement des sommes considérables. L'Etat appauvri, et qui ne peut plus lever les mêmes subsides, ne peut cependant se résoudre, ni à diminuer ses dépenses, ni à proportionner ses vues et ses entreprises à sa fortune, et l'orgueil que lui ont inspiré ses richesses, accélère sa chûte dans la misère.

« Il sembleroit, ajoute Cantillon, que lorsqu'un état s'étend par le commerce, et que » l'abondance de l'argent enchérit trop le » prix des denrées et des manufactures, le » prince ou le magistrat devroit retirer de » l'argent, le garder pour des cas imprévus, » et tâcher de retarder la circulation par toutes » les voies, hors celles de la contrainte et de » la mauvaise foi, afin de prévenir la trop » grande cherté, et d'empêcher les inconvé- » niens du luxe. » Mais comment seroit-il possible que des princes ou des magistrats, accoutumés à regarder les richesses comme la source du bonheur et de la force, fussent effrayés de l'abondance d'argent qui se répand dans un royaume ou une république ? Cantillon le remarque : « Outre qu'il n'est » pas aisé, dit-il, de s'appercevoir du temps » propre à une pareille opération, ni de savoir » quand l'argent est devenu plus abondant » qu'il ne doit l'être pour le bien et la con- » servation des avantages de l'Etat, les prin- » ces et les chefs des Républiques, qui ne » s'embarrassent guère de ces sortes de con- » noissances, ne s'attachent qu'à se servir de

» la facilité qu'ils trouvent, par l'abondance » des revenus de l'Etat, à étendre leur puis» sance, et à insulter d'autres Etats sur les » prétextes les plus frivoles. » Pourquoi demander des miracles ? Pourquoi voudroit-on que dans un pays où de trop grandes richesses rendent le citoyen avare, prodigue, voluptueux, paresseux, etc. les chefs de la Nation restassent incorruptibles ? Bien loin d'arrêter les progrès du luxe, ils en donneront eux-mêmes l'exemple; ils regarderont l'économie comme un vice politique; ils se feront de aux principes sur la circulation de l'argent, t croiront de bonne foi que les extravagantes lépenses des riches sont nécessaires à la subistance des pauvres.

Si par hasard le gouvernement retiroit l'arent, en retardoit la circulation par quelque oie sage et honnête, et formoit un trésor, l'est-il pas évident, suivant la pensée de Phoion, que ce seroit recéler et nourrir un serent dans son sein ? Peut-on connaître le cœur umain, et se persuader que ce trésor ne sera as un écueil contre lequel échoueront les sucsseurs du prince ou du magistrat qui l'aura formé? Est-il vraisemblable qu'ils résistent aux charmes de la prodigalité? Résisteront-ils à l'avidité des flatteurs qui les entourent? Les passions emprunteront le langage de la raison; elles représenteront sous les traits d'une avarice basse et ridicule, cette prudence éclairée qui auroit arraché à la circulation une abondance d'argent qui alloit la ruiner. *A quoi sert*, diront-elles, *un argent mort et enterré qui ne circule pas? Autant vaut-il le laisser dans les mines du Pérou, que de le condamner à ne pas sortir de vos coffres. Il n'est point de cas imprévus pour une nation riche; les richesses produisent les richesses; laissez passer dans les mains de votre peuple un argent qu'il vous rendra avec usure quand vous en aurez besoin*. Les portes du trésor seront infailliblement ouvertes, et ce torrent d'argent débordé produira des maux d'autant plus funestes, que les fortunes et le luxe augmenteront plus subitement. Les besoins multipliés à l'excès hâteront la révolution que doit toujours produire la trop grande abondance d'argent; et après avoir eu tous les vices du luxe, on aura tous ceux d'une pauvreté qui paraîtra intolérable.

« Pour

« Pour réparer, *dit Cantillon*, les malheurs causés par l'abondance de l'argent, » et relever l'Etat, il faut s'attacher à y faire » rentrer annuellement et constamment une » balance réelle de commerce, faire fleurir » par la navigation les ouvrages et les manu» factures qu'on est toujours en état d'en» voyer chez les étrangers à un meilleur mar» ché, lorsqu'on est tombé en décadence et » dans une rareté d'espèces. Les négocians » commencent à faire les premières fortunes, » et elles se répandront insensiblement sur les » autres citoyens. Mais lorsque l'argent de» viendra une seconde fois trop abondant dans » l'Etat, la grande consommation et le luxe » s'y mettront, et il tombera une seconde fois » en décadence. Voilà à peu près le cercle » que pourra faire un Etat considérable qui a » du fonds et des habitans industrieux; et un » habile ministre est toujours en état de lui » faire recommencer ce cercle. »

Je prie le lecteur de méditer profondément ce passage de Cantillon. N'en faut-il pas conclure que ce n'est qu'une Politique fausse et erronée, qui regardera comme le principe du bonheur de l'Etat, un moyen qui ne procure des richesses que pour amener à leur suite la pauvreté? La vraie Politique veut une félicité durable. Il est donc vrai qu'un Etat, qui regarde les richesses comme le nerf de la guerre et de la paix, est destiné à passer par d'éternelles révolutions, du luxe à la pauvreté, et de la pauvreté au luxe. Voilà ce qu'il se peut proposer de plus avantageux : voilà le chef-d'œuvre de la Politique la plus habile. Si Cantillon, au lieu de ne considérer que les effets des richesses et du commerce, eût observé, et personne n'en étoit plus capable que lui, le corps entier de la société, il est vraisemblable qu'il auroit pensé comme Phocion. Loin de vouloir qu'une République, dont de trop grandes richesses ont ruiné les finances, *s'attache à faire rentrer annuellement une balance réelle de commerce*, il lui conseilleroit de profiter de cette décadence pour réprimer le luxe et l'avarice, donner des mœurs, faire estimer la pauvreté, ou du moins apprendre à se passer des richesses superflues. Cette Politique ne seroit-elle pas supérieure à celle de ce ministre, qui ne songeroit qu'à faire recommencer ce cercle de richesses et de pauvreté dont parle Cantillon?

Il n'est pas facile à un ministre de faire recommencer ce cercle dans un Etat dont la fortune est en décadence. Il faudroit que le gouvernement vînt au secours des citoyens, et diminuât ses douanes et ses autres droits pour favoriser le commerce; mais le gouvernement ne le fera point. L'abondance passée l'a accoutumé à beaucoup de besoins, et ces besoins écraseront la République. Je veux que, par impossible, elle ait des magistrats toujours assez attentifs, assez habiles et assez bien intentionnés pour faire recommencer ce cercle dont parle Cantillon : qu'en résultera-t-il? l'Etat sera dans un danger extrême, si dans le moment de pauvreté qui suivra des richesses trop abondantes, un de ses ennemis forme le projet de l'envahir. La Politique de ce ministre habile, qui fait recommencer le cercle, ne sert donc qu'à préparer une infortune à la République, et la mettre dans le cas d'être envahie et subjuguée par un de ses ennemis. Est-ce ainsi qu'on doit faire fleurir un Etat, et affermir sa prospérité?

CINQUIEME ET DERNIER ENTRETIEN.

(1) Un Spartiate, qui avoit fui devant l'ennemi, étoit exclus des assemblées publiques et particulières; c'étoit un déshonneur de s'allier avec lui par le mariage; il devoit raser une partie de sa barbe. Tout citoyen qui le rencontroit, pouvoit le frapper, sans qu'il lui fût permis de se défendre. Les Romains, après la bataille de Cannes, furent plus sages qu'Agésilas après celle de Leuctre; ils refusèrent de racheter les prisonniers qu'Annibal avoit faits. *Nec vera virtus, quum semel excidit, curat reponi deterioribus.* Voyez dans Horace l'admirable discours de Régulus au sénat Romain. Les soldats de Rome, qui virent qu'il falloit vaincre ou périr, furent plus braves que jamais; et les Spartiates, en voyant que la poltronnerie étoit impunie, n'eurent plus assez de courage pour réparer leur défaite et leur réputation.

(2) Si Phocion craignoit de passer pour

un insensé, en révélant aux Athéniens de son temps les grandes vérités dont il instruit Aristias, je devrois craindre de ne pas passer pour trop sage, en m'étant donné aujourd'hui la peine de traduire son ouvrage; il est cependant utile de connaître le terme où l'on doit aspirer, quoiqu'on n'espère pas de pouvoir y arriver. Que sait-on ? Après s'être délivré avec peine d'un premier vice, peut-être seroit-on en état de renoncer sans effort à un second.

(3) *Qui autem egregiè se se gerens excelluerit, primò quidem tu ipsâ expeditione ab iis qui unà militant adolescentibus ac pueris, sigillatim à quolibet coronandus, nonne tibi videtur ? Mihi verò. Quid ? Nonne et dexteras jungere illi debebunt ? Et hoc ? Et hoc præterea tibi forsan non videtur ? Quid ? Ut oscula à quolibet accipere debeat ac dare. Imò verò maximè omnium. Atqui et legi huic addendum existimo, ut quoad in eâ expeditione fuerint, nemini renuere liceat, quemcunque osculari ipse desideraverit, ut si quis alicujus amore captus fuerit vel maris vel fæminæ, acrior fit ad victoriam consequendam.* Plat. in Rep. L. 5.

(4) Les habitans de la montagne vouloient qu'on établît à Athènes une pure démocratie, ceux de la plaine demandoient une aristocratie rigoureuse, tandis que les citoyens établis sur la côte, souhaitoient, avec plus de sagesse que les autres, qu'on fît un mélange de ces deux gouvernemens. Alors les Athéniens étoient pauvres; ils n'avoient aucun luxe, et ne connaissoient que les arts utiles. Rien ne prouve mieux qu'ils avoient de bonnes mœurs, que le sacrifice que chaque parti fit de ses intérêts particuliers au bien public, en prenant Solon pour arbitre, pour juge et pour législateur.

Si on se rappelle la vie de Solon par Plutarque, on ne sera pas étonné du peu de cas que Phocion semble faire du législateur de sa patrie. Plutarque nous a conservé quelques morceaux des poésies de Solon, où les plaisirs et la volupté sont célébrés d'une manière peu convenable à un sage. Il avoit fait, à ce qu'on croit, le commerce dans sa jeunesse, et dans sa vieillesse il fut adonné à l'oisiveté et aux plaisirs de la table et de la musique. Gagné par les caresses de Pisistrate, il abandonna les intérêts de sa patrie, et finit par être le flatteur, l'ami et le conseil de l'oppresseur de la liberté publique. Comme législateur, Solon ne fit que pallier les maux d'Athènes. Sous prétexte que les Athéniens n'étoient plus capables d'avoir de meilleures loix que celles qu'il portoit, il ne leur en donna que de médiocres. Il faut que des loix soient bien peu sages, quand leur auteur leur survit. Solon ne contenta ni les riches ni les pauvres, en voulant contenter tout le monde. Il donna trop peu d'autorité aux loix et aux magistrats, ce qui laissa subsister les anciens préjugés et les anciennes divisions, et empêcha que le gouvernement ne s'affermît.

Plusieurs loix de Solon sont sages, si on les considère séparément ; mais elles ne partent jamais du même principe pour aller au même but ; quelquefois même elles se contrarient ou sont obscures. Il est certain que s'il eût eu les lumières, le génie et la fermeté de Lycurgue, il auroit pu profiter de la confiance que les Athéniens avoient en lui, pour les rendre heureux, et former un gouvernement à-peu-près pareil à celui de Lacédémone.

(5) Lycurgue ne fut pas choisi par les Spartiates pour leur donner des loix, comme Solon le fut par les Athéniens. Il médita son projet de réforme avec trente citoyens, qui lui promirent de le seconder. Vingt-huit lui furent fidèles; il leur ordonna de se rendre armés sur la place publique; il y publia ses loix, et intimida ceux qui profitoient des désordres publics. (Voyez la vie de Lycurgue par Plutarque.)

Fin des Remarques.

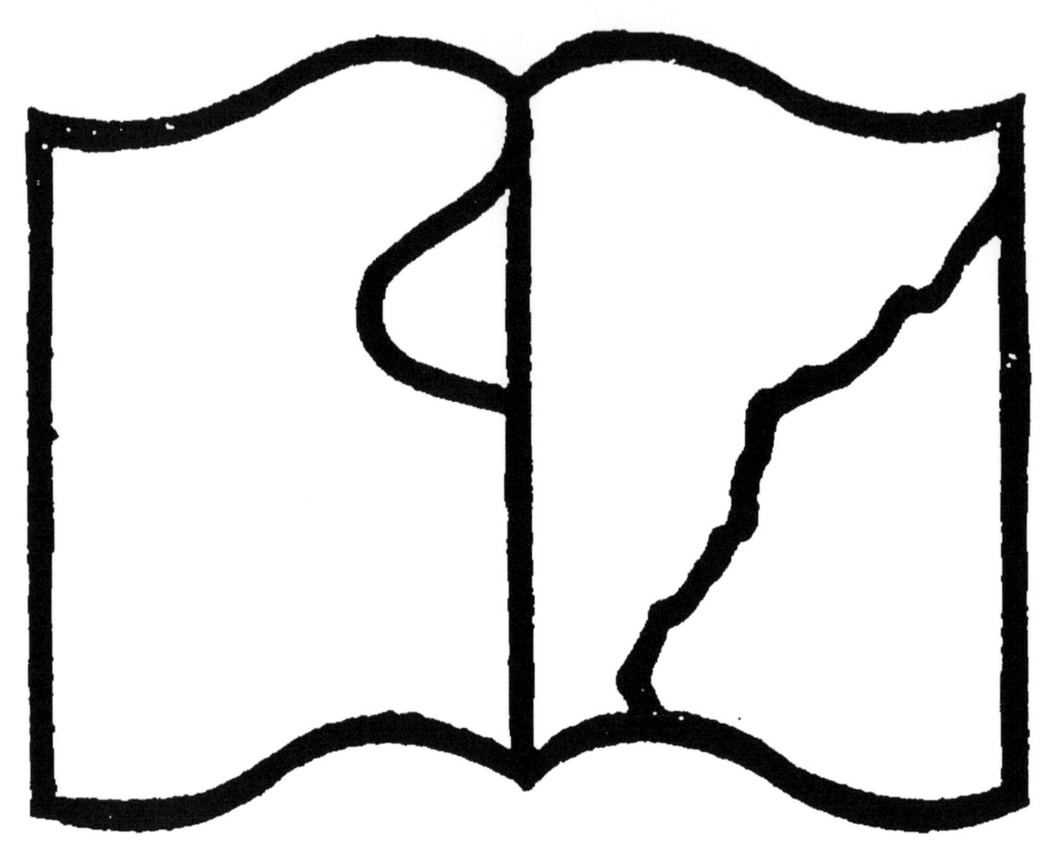

www.ingramcontent.com/pod-product-compliance
Ingram Content Group UK Ltd.
Pitfield, Milton Keynes, MK11 3LW, UK
UKHW020555230726
13926UKWH00005B/2021

9 782013 486507